SHANE MCMAHON

JAHRESZEITEN-KÜCHE

 Mit 60 saisonalen
Rezepten durchs Jahr

SHANE MCMAHON

JAHRESZEITEN-KÜCHE

 Mit 60 saisonalen
Rezepten durchs Jahr

südwest

Inhaltsverzeichnis

VORWORT   7

EINFÜHRUNG   9
Regional einkaufen heißt auch, sich um seine Region kümmern   9
Exoteneinsatz für Handschrift und Kreativität   13
Verfügbarkeit und Schönheit bedeuten nicht Qualität   13
Tägliche Helfer für die frischen Produkte   14
Was ist frisch?   15
Wie bleibt Frisches frisch?   17

REZEPTE
Frühling   18
Sommer   56
Herbst   98
Winter   136

ANHANG
Produkte   178
Unbekanntere Zutaten   180
Kochmethoden und -geräte   182
Grundrezepte   184

Rezeptregister   186

Dank   191

Vita & Impressum   192

Vorwort

Kochen bedeutet für mich Kreativität, Hemmungslosigkeit und gute Laune. Ich liebe es, nach den besten Produkten zu suchen. Jeder, der mich kennt, weiß: Ich bin absolut produktverliebt. Tomaten, die ehrlich nach Tomaten schmecken, oder Stachelbeeren, die mich an meine Oma in Österreich erinnern – tolle Produkte machen mich glücklich, geben mir einen Kick.

Als ich Anfang 2009 nach vielen Lehr- und Wanderjahren in der Sternegastronomie und nach der Selbstständigkeit mit meiner Kochschule die Möglichkeit hatte, mein eigenes Restaurant zu eröffnen, war mir klar: Ich will keine feste Speisekarte haben. Bei mir muss jeden Tag Bewegung sein in der Küche. Spannung. Fantasie. Ich war mir von Anfang an sicher: Wenn ich ein Restaurant aufmache, dann koche ich ausschließlich ehrliche und raffinierte Überraschungsmenüs. Mir war und ist es wichtig, dabei immer auf die saisonalen Produkte zu reagieren. Ob das in der Münchner Großmarkthalle ist, in der Natur oder bei meinen geschätzten Lieferanten.

Es macht mir Spaß, meine Gäste positiv zu überraschen. Welch schöneres Kompliment gibt es als: »Normalerweise esse ich kein Fleisch und keinen Fisch – aber bei dir – ja da machen wir eine Ausnahme.« Der Großteil meiner Gäste lässt

sich ein auf ein kulinarisches Eldorado. Es ist eine Welt der saisonalen Küche. Eine Regionalküche, kombiniert mit Ideen und Gewürzen aus aller Welt. Genau diese Vielfalt, die Globalisierung, bietet uns Köchen heutzutage viele Chancen. Mein Kochstil ist ehrlich und frech zugleich.

In die Entstehung dieses Buches habe ich viel Herzblut gesteckt. Ich wollte ein anderes Saisonkochbuch auf den Markt bringen. Es soll ein Nachschlagewerk sein für alle Kreativen, die die Bodenhaftung in Sachen Regionalität nicht verloren haben. Back to nature mit einem Twist Mondänität. Eine saisonale, hemmungslos ehrliche Aromen-Baukasten-Küche nach dem Motto: »Weniger ist mehr.«

Bitte verstehen Sie meine Rezepte gerne auch als reine Inspiration. Als grobe Richtschnur. Mit fortschreitender Erfahrung und Gespür kann man jedem Rezept seine persönliche Note verleihen. Lokale Gegebenheiten wie die Qualität und die Verfügbarkeit der Lebensmittel und der persönliche Geschmack spielen dabei immer eine Rolle.

Ich hoffe, meine Rezepte werden Ihnen gefallen und machen Lust – Lust auf saisonale Kreativität. »Just cook it!«

Frische Produkte
sind das A und O jeder Küche

Eines muss man ganz klar sagen: Produkte sind das A und O für jedes Gericht. Jedes frische Produkt schmeckt eben dann am besten, wenn es in seiner Saison geerntet wird.

Damit ist man automatisch auch sofort beim Thema Regionalität. Natürlich haben Erdbeeren in Afrika oder Neuseeland auch eine Saison, wenn es bei uns keine mehr oder noch keine gibt. Aber es ist nicht so schwer, sich zu überlegen, in welchem Zustand diese Früchte geerntet werden müssen, damit sie bei uns angelangt reif sind. Mal ganz abgesehen von der Umweltbelastung durch den Transport.

Die Verwendung saisonaler Produkte bedeutet auch, dass man sich richtig auf die nächste Saison freuen kann. Wenn der erste Spargel kommt, dann die Erdbeeren, die Kirschen, im Herbst der Kürbis. Gerade in den Wintermonaten hat man natürlich nicht sehr viel Auswahl an Obst oder Früchten für die Desserts, selbst wenn man in der jeweiligen Saison davor fleißig eingeweckt hat. Das gilt genauso für Gemüse und Salate. Wenn der Winter vorbei ist, freut man sich wirklich und ist froh, wieder neue Produkte zu haben, die auch die eigene Kreativität wieder ganz neu fordern. Zum Beispiel liebe ich im Winter Schwarzwurzeln, aber wenn es Frühling wird, kann ich sie meist nicht mehr sehen. Dann kommt der Spargel. Den gibt es zwar mittlerweile auch jedes Jahr früher, weil die Felder extra beheizt werden. Aber ich warte lieber auf den ersten offiziellen Spargelstich. Oder Rhabarber. Den bekommt man aus Holland inzwischen das ganze Jahr über. Für mich ist der wahre Rhabarber jedoch dieser grobe, bei dem zwei Drittel grün sind und der nur ein bisschen rot ist. Der schmeckt zwar leicht säuerlich, für mich ist er aber gerade dadurch perfekt. Zu warten, bis all diese Produkte wieder da sind, das ist eine Riesenvorfreude. Auch auf das Wild im Herbst oder die eingelegten Zwetschgen zum Rumtopf im Winter. Ich würde mich tatsächlich nie trauen, im Dezember eine Erdbeere auf den Teller zu tun. Für mich bedeutet saisonale Küche auch, dass ich über das ganze Jahr eine schöne Mischung an Produkten zur Verfügung habe, die sich immer wieder verändert. Das betrifft ja auch Fleisch und Fisch. Jagdsaison, Brutzeiten, Laichzeiten, das alles beeinflusst die Verfügbarkeit der Produkte. Aber wenn wir uns danach richten, dann schätzen wir sie auch wieder wert, dann, wenn wir sie endlich wieder kochen oder essen können.

Was ich wirklich schade finde: Heutzutage ist immer alles verfügbar, und viele Leute merken gar nicht mehr, dass es nach nichts schmeckt.

Regional einkaufen heißt auch, sich um seine Region kümmern

Regional einkaufen ist für mich daher ein absolutes Muss. Dabei geht es mir auch darum, zunächst im Kreis München und Bayern, dann in Süddeutschland, vielleicht auch einmal in Österreich die kleinen Unternehmer zu unterstützen. Da hat man einen persönlichen Draht zu den Menschen, die ihre Produkte meistens noch selbst ausliefern. Und es heißt: »Servus, wie geht's? Was habt ihr denn heu-

te?« Man hat noch mit Menschen von Angesicht zu Angesicht zu tun, nicht mit Einkaufslisten.

Natürlich stehen mir als Gastronom teilweise andere Einkaufsquellen und Lieferanten zur Verfügung als dem normalen Kunden. Aber auch der kann zum Beispiel ein ganz tolles Lamm bei einem guten Metzger in der Nähe bekommen. Das Poltinger Lamm, das ich beziehe, ist nicht das einzige gute Lamm auf der Welt. Es ist nur für mich besonders, mit allen Begleitumständen und durch den persönlichen Kontakt. Aber auch als Privatmensch kann man gute Geschäfte, Höfe und Händler finden. Man muss eben nur ein bisschen suchen. Diese Mühe muss man sich schon machen. Und sich beraten lassen. Es gibt beispielsweise auch gutes Fleisch aus Irland oder sogar Neuseeland. Da kann ich nur empfehlen: Wenn man die Wahl zwischen regionalem oder europäischem oder internationalem Fleisch hat, dann sollte man dieses selbst probieren. Und sich bei gleicher Qualität für das Produkt aus der nächsten Umgebung entscheiden. Schon alleine die Transportkosten müssten ja eigentlich auf den Preis gehen. Und wenn nicht … dann muss man einmal über die Gründe nachdenken.

Was ich wirklich sehr traurig finde: Durch die Globalisierung und die Macht der Verbraucher und deren Wunsch nach einem niedrigen Preis werden soundso viele Tonnen in Lebensmittel-»Fabriken« zu viel produziert und dann weggeworfen, soundso viele Tonnen Tier werden unnötig geschlachtet. Wenn ich dagegen zum Beispiel in der Region meinen Fisch bestelle, dann werden meine und die Bestellung der Kollegen und die Erfahrung aus vielen Jahren zusammen kalkuliert und nur der tatsächliche Bedarf geschlachtet. Das ist ein Punkt. Natürlich ist auch der Geschmack entscheidend, aber bei gleichem Geschmack würde ich immer den Lieferanten wählen, den ich kenne. Ich gebe zu, dass ich auch mal auf Übersee ausweiche. Wer tut das nicht, gerade in so einem Restaurant wie dem meinen. Das hat auch mit der Neugierde auf andere Produkte zu tun. Abgesehen davon kann man eben nicht immer Bachforelle oder Saibling auf der Karte haben, ich brauche auch mal Steinbutt und Rotbarbe. Diese »Exoten« sind also immer eine schöne Abwechslung – aber sollten es in Maßen bleiben.

Aber genauso wie ich sollte sich auch der normale Kunde einfach bewusst machen, dass er, wenn er von einem kleineren Produzenten kauft, eben auch die regionale Landwirtschaft unterstützt. Und dass er damit auch dafür sorgt, dass weniger Lebensmittelabfall durch Überproduktion entsteht. Es ist nicht so schwierig, einen guten Metzger, einen guten Obst- und Gemüsehändler, einen guten Bäcker in der Nähe zu finden. Dort sollte man sich auch wirklich erkundigen, woher das Fleisch, das Gemüse oder das Geflügel und die Eier kommen. So baut man sich selbst ein Lieferantennetzwerk auf. Das ist übrigens nicht unbedingt teurer, als unbesehen zur Packung aus dem Regal zu greifen. Und: Qualität hat immer ihren Preis. Das muss man sich bewusst machen. Wer niedrige Preise zahlt, erhält niedrige Qualität.

Exoteneinsatz für Handschrift und Kreativität

Neben den saisonalen Produkten aus der Region gibt es noch die andere Seite meiner Küche: die Gewürze. Viele der Gewürze sind getrocknet, haben also keine Saison. Für meine Küche sind sie außerdem einfach unbedingt notwendige Ergänzungen, um Gerichten den letzten Pfiff zu geben. Einmal abgesehen von Zutaten wie Sushi-Essig, Miso oder Yuzu – so manch exotisch klingende Zutat wie beispielsweise Shiitake- oder Enoki-Pilze werden längst auch hier in Bayern angepflanzt. Mir geht es dann nicht um den Ursprung der Produkte, sondern darum, wo und wie sie heute wachsen.

Beim Fleisch muss ich natürlich zugeben, dass ich auch Irish Beef kaufe. Ich bin Mitglied im »Chefs' Irish Beef Club«, einem Zusammenschluss von Spitzenköchen, die irisches Rindfleisch lieben, insbesondere dessen herausragende Qualität und die nachhaltige Herstellung auf der grünen Insel. Aber vor allem ist Irland auch meine Heimat. Bis ich 19 Jahre alt war, bin ich dort aufgewachsen. Ich kaufe dieses Fleisch aber nicht, weil »Irish« draufsteht, sondern weil ich von der Qualität des Fleisches absolut überzeugt bin. Ich besuche die Bauernhöfe, von denen das Fleisch kommt. Für mich ist dabei wichtig, dass ich sehe, dass die Rinder bis zu ihrer Schlachtung ein absolut glückliches Leben haben. Das sind keine Kälber oder Rinder, die in ihrem Leben noch kein Gras gesehen haben.

Es gibt einige Firmen, gerade in den USA, da werden die Tiere nur im Stall gehalten und mit irgendwelchen Körnern gefüttert. Als in dem Fall rein geschmacksorientierter Koch muss ich eines betonen: Einmal ganz abgesehen vom Tierschutz braucht eine Kuh Grasfütterung, damit sie einen geschmacklichen Charakter entwickelt. Mit der Körnerfütterung mag das Fleisch superweich werden. Aber, es tut mir leid: Auch bei einem Filet sollte man ein bisschen kauen müssen. Dafür ist Fleisch da. Das hat nichts mit zäh zu tun, sondern nur mit Biss. Aber wir neigen dazu zu denken, dass Rindfleisch, das nicht fettmarmoriert ist, nicht mehr schmeckt, weil ich – leider – meine Zähne benutzen muss. Wenn ich dann aber ein Côte de bœuf mit einem Fettauge serviere, kommt der nächste Gast und beschwert sich, das Fleisch sei zu fett. Wirklich, da stimmt vieles nicht mehr.

Verfügbarkeit und Schönheit bedeuten nicht Qualität

Bei den »exotischen« Früchten sollte man sich nicht dazu verleiten lassen, dass sie in gewissen Feinkostgeschäften das ganze Jahr über verfügbar sind. Bleiben wir doch einfach in Europa und holen die Honigmelone aus Frankreich, wenn sie dort reif ist, und nicht im Januar aus Ägypten. Und auch Mangos oder Ananas oder Bananen sind eben keine Ganzjahresfrüchte. Aber ich muss natürlich zugeben, die wachsen hier in der Region praktisch nie, und trotzdem möchte ich nicht komplett auf sie verzichten – und der normale

Hobbykoch sicher auch nicht. Sehr viele exotische Früchte gibt es aber zumindest in Europa, wo sie ebenfalls eine Saison haben. Man sollte sich also für die entscheiden, die aus Frankreich oder Italien oder Spanien stammen und vielleicht eher nicht für die aus Brasilien. Mir ist es aber vor allem wichtig, dass man insgesamt wieder mehr auf das natürliche Angebot der Jahreszeiten achtet. Und dass man aus diesem wechselnden Angebot der Natur auch seine Kreativität nährt.

Allerdings ist mir in den letzten Jahren auch aufgefallen, dass die Leute gerade Obst oder Gemüse nicht mehr nach Geschmack, sondern nach Aussehen kaufen. Wenn eine Zucchini oder Aubergine nicht rundherum glänzt und nicht alle Früchte gleich aussehen, sind sie schon nicht mehr interessant für große Supermärkte. Dabei empfinde ich gerade unterschiedliches Aussehen als Merkmal für ein gutes Produkt. Flecken oder Dellen sind oft ein Plus, solange der Geruch und die Konsistenz noch stimmen. Sie sind dann nicht gespritzt oder sonst irgendwie bearbeitet. Allerdings möchte ich hier nicht den Tipp geben: Kauft nur bio.

Vielleicht machen Sie stattdessen doch einfach ab und zu Ihre eigene Blindprobe. Kaufen Sie beispielsweise verschiedene Zucchini und probieren Sie einfach. Riechen Sie daran, fassen Sie sie an, schneiden Sie sie auf, bereiten Sie sie zu – ohne große Gewürze, vielleicht nur mit ein bisschen Salz. Und dann vergleichen Sie einmal den Geruch und den Geschmack. Sie werden dann nie wieder die kaufen, die nach nichts schmecken. Das ist ein bisschen Mühe. Aber wer sich die

Mühe macht, ein Buch wie dieses zu kaufen, der ist doch sicher auch neugierig genug, die Produkte für sich zu finden, die wirklich schmecken. Dann erübrigt sich auch die Frage, auf welches Label man sich verlassen kann und soll.

Tägliche Helfer für die frischen Produkte

Mal abgesehen von den frischen Produkten werde ich immer wieder gefragt, was man denn jederzeit zu Hause in seiner Küche haben sollte. Das kommt natürlich sehr auf die eigenen Vorlieben an. Bei uns zu Hause gibt es immer die verschiedensten Formen von Tomaten, ob Dosentomaten, Tomatenmark, frische Tomaten oder Tomatenwasser. Sie sind für mich eine ganz wichtige Grundlage für viele Saucen, aber auch für schnelle, einfache Gerichte. Zwiebeln und Knoblauch sollten da sein, verschiedene Pflanzenöle, ein schönes Salz und ein gutes Fleur de Sel, guter schwarzer Pfeffer und irgendeine Form von Chili und/oder Tabasco, dann hat man schon gewonnen. Und gute Pasta. Wenn man zum Beispiel Pasta nimmt, Piri Piri, ein bisschen Tabasco, einen Schuss Olivenöl, eine Knoblauchzehe, dann hat man schon ein wunderbares Gericht. Schöne Essige sind auch wichtig. Säure gehört in sehr viele Gerichte. Ich bin ein großer Liebhaber von Champagneressig oder feinem Sushi-Essig. Und das wäre für mich auch schon eine mögliche Grundausstattung. Bei allen Gewürzen, die man zusätzlich kauft, sollte man übrigens darauf achten, wenn möglich kein Pulver, sondern ganze Körner zu kaufen und diese dann vor Gebrauch im Mörser zu zerstoßen. So entfalten sie einen viel intensiveren Geschmack.

Es gibt schon auch Gewürzmischungen, die gut sind, aber das sind wenige. Wer für mich wirklich die besten Gewürze macht, ist Ingo Holland. Der war schon zwei Mal hier bei uns und ist eine tolle Persönlichkeit und ein wahrer Gewürzmeister. Seine Gewürze gibt es nicht nur für die Gastronomie. Wie alle guten Dinge haben sie zwar auch ihren Preis, aber von einem guten Gewürz braucht man eine Prise, ein schlechtes schmeckt auch mit einem ganzen Esslöffel nach nichts.

Was ist frisch?

Rohes Fleisch muss strahlen, glänzen. Die Farbe hängt natürlich von der Art des Fleisches ab. Wild beispielsweise muss sehr dunkelrot sein, Kalb eher rosa. Dann kommt es darauf an, ob man ein mageres Fleisch möchte oder ein marmoriertes. Wenn es marmoriert ist, darf das Fett nur dann leicht gelb sein, wenn es aus dem Dry-aged-Schrank kommt, aber das ist ohnehin ein anderes Thema. Normalerweise muss das Fett schneeweiß sein. Das sind Kriterien, die man ganz offensichtlich sieht. Ein wichtiges Qualitätsmerkmal ist aber auch der Geruch. Frisches Fleisch riecht ein bisschen nach Eisen, aber bestimmt niemals süßlich oder säuerlich. Bei einem guten Stück Rind ist die Festigkeit des Fleisches entscheidend. Das ist auch das Merkmal

dafür, dass die Tiere nicht einfach schnell hochgezüchtet wurden. Beim Kalbsfilet ist das wegen seines geringen Fettanteils natürlich wieder etwas anderes. Da Fett bei kühlen Temperaturen wie ein Block Butter wirkt, wird ein Kalbsfilet nie so fest sein wie ein Steak. Aber dennoch spürt man beim Schneiden, ob das Fleisch in sich fest ist oder irgendwie schwabbelig. Beim Braten zeigt sich die Qualität ganz deutlich: Je mehr Wasser austritt, desto schlechter ist sie. Natürlich hat man es dann schon gekauft, aber man wird den Fehler nie wieder machen, von dieser Quelle Fleisch zu beziehen. Das richtige Fleisch beim richtigen Metzger zu finden ist eben auch Erfahrungssache. Vielleicht hat man von Anfang an Glück, vielleicht muss man erst verschiedene ausprobieren. Man wird normalerweise definitiv ein paar Mal auf die Schnauze fallen. Das passiert mir heute noch bei neuen Händlern, aber nie zweimal!

Auch die Qualität von Fisch kann man zunächst einmal optisch einschätzen. Der Fisch sollte strahlen, er darf ein bisschen durchsichtigen Schleim auf den Schuppen haben, wie beispielsweise beim Heilbutt. Die Augen der Fische müssen glänzen und leicht nach außen gehen, keinesfalls nach innen sinken. Die Kiemen müssen sehr rötlich sein. Vor allem ganzer Fisch sollte relativ hart sein, nicht durchhängen. Und das A und O beim Fisch: Wenn er stark nach Fisch riecht, ist er nicht mehr gut. Ich persönlich achte beim Fischkauf wenn möglich darauf, entweder den Betrieb zu kennen, wie eben die Fischzucht Birnbaum, oder bei Meeresfisch, dass er von kleinen Booten kommt. Indus-

trieller Fischfang ist ein No-Go. Teilweise werden da Netze ausgelegt, die so groß wie Fußballfelder sind. Die liegen dann den ganzen Tag im Wasser und drücken den Fisch zusammen. Dementsprechend hängt er schon durch, wenn er aus dem Meer kommt. Fische aus kleinen Booten sind meistens teurer, aber eben auch wesentlich besser.

Die Qualität von Obst und Gemüse hat genauso wie bei Fleisch und Fisch viel mit unserer Nase zu tun. Wenn ich an einer Birne rieche, dann merke ich, ob sie nach Birne oder nach nichts riecht. Eine Tomate riecht am intensivsten direkt an ihrem Stiel. Wenn man da nicht eine volle Ladung Tomatenduft in die Nase bekommt, dann sollte man sie gleich wieder weglegen. Und selbst im Supermarkt darf man vielleicht auch mal eine Erdbeere probieren, wenn man fragt. Obst erinnert mich immer an den Garten meiner Oma in Lienz. Sie hatte vor allem Marillen und Pfirsiche. Diese intensiven Düfte haben sich ganz fest in meine Erinnerung gegraben. So muss Obst riechen! Aber leider findet man solche Produkte nur noch ganz selten.

Ein anderes Beispiel: Paprika muss richtig knackig sein. Wenn man reinbeißt, dann schmeckt sie am Anfang fast wie ein Apfel, erst danach kommt diese besondere herbe, leicht bittere Note. Wenn man nur Wasser schmeckt, sollte man sich eine neue Einkaufsquelle suchen.

Ich würde hier gerne auch betonen: Wenn ich wirklich gute Produkte habe, dann muss ich sie nicht durch irgendwelche Gewürze ruinieren, damit sie Geschmack bekommen. Ich brauche dann eigentlich so gut wie gar nichts. Alles, was nur nach Wasser schmeckt und deshalb sehr viel Würze braucht, ist eben auch nicht gut.

Wie bleibt Frisches frisch?

Obst und Gemüse sollte man eigentlich nicht in den Kühlschrank legen. Ich denke mir immer: Eine Ananas hat sicher noch nie in ihrem Leben drei Grad erlebt, und selbst eine Zucchini aus unserem Garten hier kennt das nicht. Hat man eine kleine Vorratskammer oder einen Keller, dann sind das genau die richtigen Orte, um Obst und Gemüse aufzubewahren. Sonst in einer Schublade mit einem eingelegten Tuch. Nur frisch geschnittene Salate kann man natürlich schon in den Kühlschrank legen.

Bei Fisch ist sehr wichtig, dass er als Erstes ausgenommen wird. Wenn man ihn dann nicht im Ganzen zubereiten möchte, sollte man ihn auch gleich filetieren. Dann am besten bei drei Grad in den Kühlschrank, eingewickelt in ein Tuch (bitte nicht in Alufolie), sodass das Fleisch trocken bleibt. Wenn man die Filets auf Eis legen möchte, ist das in Ordnung, aber bitte nicht das Eis auf den Fisch legen. Bei ganzen Fischen sollte man ein bisschen Küchenpapier in die Bauchlappen stopfen und – ganz wichtig – den Fisch leicht mit Klarsichtfolie bedecken, sonst trocknet er aus. Insgesamt aber gilt bei allen frischen Produkten: Lieber öfter einkaufen, als zu viel aufheben. Das Aufheben bekommt den wenigsten Produkten, und es besteht kaum Gefahr, Lebensmittel wegwerfen zu müssen.

FRÜHLING

Frühling

Spargel

Spargel sollte gerade gewachsen sein, am unteren Ende schön saftig und auf keinen Fall ausgetrocknet. Die Spitzen sind weiß, bei der höchsten Qualität sogar leicht lila. Man sollte immer etwa gleich dicke Stangen kaufen, sodass sie alle gleich lang kochen müssen. Ganz wichtig beim Spargel ist das sorgfältige Schälen. Wenn man hier etwas übersieht, bleibt die Stange holzig und schmeckt bitter. Tatsächlich war Spargelschälen früher eine hohe Kunst, die nur vom Küchenchef ausgeübt werden durfte. Zur Aufbewahrung muss Spargel in ein feuchtes Tuch gewickelt und kühl oder in den Kühlschrank gelegt werden – geschält aber nicht länger als einen Tag und auch ungeschält nicht länger als zwei Tage. Das Tolle am Spargel ist auch, dass man alles verwenden kann. Auch die ausgekochten Spargelschalen sind eine wunderbare Grundlage für eine Sauce, das Spargelwasser selbst kann für eine Reduktion oder zum Ablöschen verwendet werden. Oder man mischt etwas davon mit ein wenig Champagneressig und hat ein schönes Salatdressing.

Rhabarber

Ich freue mich jedes Jahr auf den Rhabarber. Man kann ihn zwar ganzjährig aus den Gewächshäusern in Holland kaufen, aber das ist geschmacklich kein Vergleich zum regionalen, saisonalen Produkt. Ob man Rhabarber schälen soll oder nicht, ist eine Philosophiefrage. Ich persönlich schäle ihn nicht. Rhabarber ist nicht nur ein schönes Produkt für Nachspeisen, sondern lässt sich auch im Vorspeisenbereich super kombinieren. Man kann Rhabarber sous-vide garen, man kann ihn im Ofen mit Zucker oder mit tiefgefrorenen Himbeeren garen. Nur auf eines muss man achten: Manchmal kontrolliert man nach fünf Minuten, wie weit er ist, und er ist noch komplett hart, aber schon eine Minute später ist er zu weich geworden. Das ist wirklich eine Kunst. Unbedingt sollte man also auch hier gleich große Stücke gleichzeitig garen. Gelagert wird Rhabarber wie Salate im Kühlschrank – und wie eigentlich jedes frische Produkt möglichst nicht zu lange.

Holunder

Holunder ist ein absolutes Muss in jeder Frühjahrsküche. Er wächst überall vor unserer Tür, man kann ihn also selbst pflücken, und er kostet nichts. Normalerweise blüht der Holunder im Mai, spätestens Anfang Juni. Gepflückt werden sollten die Blüten aber erst, wenn sie ihren typischen, starken Duft entwickelt haben. Die Blüten sind grandios, um Holundersirup anzusetzen. Dieser Sirup wiederum ist die Grundlage von Fonds, Sorbets oder Mousse. Holundersirup schmeckt aber auch sehr gut zu Fischgerichten. Außerdem kann man die Blüten im Bierteig zu Hollerküchlein ausbacken. Auch die Holunderbeeren (die dann allerdings ein Herbstprodukt sind) schmecken köstlich und lassen sich in Desserts, Obstkuchen, aber auch in Fleischsaucen verarbeiten; oder natürlich gepresst zum Holundersaft. Aufbewahren kann man die Holunderblüten gar nicht und auch die Beeren nicht länger als einen Tag.

Bärlauch

Bärlauch ist ein absoluter Frühlingsbote. Wenn er, manchmal noch zwischen ein paar Flocken Schnee, auftaucht, weiß man: Jetzt wird es bald Frühling. Man findet Bärlauch auf Wiesen und im Wald. Aber Achtung, manchmal wird er mit den giftigen Blättern der Maiglöckchen verwechselt. Die deutlichsten Unterscheidungsmerkmale: Bärlauch riecht ganz eindeutig nach Knoblauch, Maiglöckchenblätter nicht. Zweitens: Die Unterseite der Bärlauchblätter ist matt, die der Maiglöckchenblätter glänzend. Und drittens: Die Bärlauchblätter sind wesentlich weicher und feiner als die der Maiglöckchen. Bärlauch ist irrsinnig vielseitig. Man kann ihn frisch als Salat verwenden oder als Basis für Bärlauchsuppe. Eingemacht als Bärlauchpaste kann er viele Saucen bereichern und als Pesto passt er nicht nur zum Klassiker Pasta. Bärlauch eignet sich gut zum Einfrieren. Nur die frischen Blätter halten sich nicht länger als jeder andere Salat.

Brennnessel

Brennnessel ist ein super Produkt, auch wenn man mit ihr ein bisschen experimentieren muss. Ich zum Beispiel liebe Brennnessel-Ravioli. Dazu werden die Brennnesseln einfach leicht sautiert, wie Spinat mit brauner Butter, dann gehackt und mit gekochten Kartoffeln vermengt, Kürbiskerne dazu. Das als Füllung für Ravioli, und zum Schluss etwas Kürbiskernöl über die Pasta – ein Gedicht. Der Geschmack von Brennnessel ist leicht herb und nussig, und das passt zum Beispiel toll auch im Risotto. Brennnessel kann man eigentlich vor fast jeder Haustüre pflücken. Achtung: Handschuhe nicht vergessen.
Die beste Zeit für Brennnessel ist Anfang Mai bis etwa Mitte Juni. Das riecht man übrigens auch, nicht so intensiv wie beim Bärlauch aber schon eindeutig. Verarbeiten muss man Brennnessel gleich nach dem Pflücken, die Blätter sacken sonst in sich zusammen.

Radieschen

Radieschen stehen irgendwie für sich selbst. Sie brauchen so gut wie gar nichts, um zu wirken. Ein bisschen Essig und Salz darauf, und sie sind ein wunderbarer Snack – nicht nur im bayerischen Biergarten. Wir halbieren sie gerne der Länge nach, inklusive grünem Stängel (der wie ein kleines Mäuseschwänzchen aussieht), und dann legen wir sie in Sushi-Essig. Das gibt zusammen mit ein bisschen Schnittlauchcreme einen schönen Salat. Zur Seeforelle oder einem Saibling passen confierte Radieschen prima. Mit einem feinen Gemüse- oder einem Trüffelhobel kann man sie auch über Salat oder auch Steak hobeln. Sie sind einfach ein superleicht zu verarbeitendes Produkt, das eine relativ milde Schärfe und eine schöne Optik bringt. Radieschen am besten in einer Schüssel mit Wasser aufheben. Sollten sie doch einmal schrumpelig werden, dann einfach eine halbe Stunde oder Stunde in eiskaltes Wasser legen, und sie werden wieder schön prall.

Lemon-Chicken mit Safran-Sushireis

FÜR 4 PERSONEN
Zubereitungszeit: 1 Std.

» *mittel*

Für das Lemon-Chicken

1 Zweig Zitronenthymian
1 Bio-Zitrone
Salz
2 Hühnchenbrüste mit Haut, ohne
   Knochen (à 150 g) vom Bauernhuhn
1 EL Rapsöl
1 EL Butter
1 Zweig Rosmarin

Für den Safran-Sushireis

250 g Sushireis
4 Scheiben frische Kurkuma
15 Safranfäden
100 ml süßer Reiswein
100 ml Sushi-Essig
1 EL Kristallzucker

Für den Wildkräutersalat

100 g Wildkräuter
1 EL Zitronenöl
1 EL Sushi-Essig
Salz
frisch gemahlener weißer Pfeffer
   oder Piri Piri

Lemon-Chicken

Die Blättchen vom Zitronenthymian abzupfen. Die Zitrone mit heißem Wasser abwaschen und die Schale mit einem Zestenreißer abnehmen. Die Zitrone halbieren, eine Hälfte auspressen. Die Zitronenthymianblättchen, die Zitronenzesten, den Zitronensaft und etwas Salz in einer kleinen Schale vermischen. Die Hühnchenbrüste säubern, waschen und von allen Seiten gut mit der Marinade einreiben. Die Brüste fest mit Frischhaltefolie umwickeln, anschließend auf einen ofenfesten Teller legen. Die Hühnchenbrüste für ca. 40 Minuten auf die untere Schiene in den auf 80 °C vorgeheizten Backofen (Umluft) schieben. Die Hühnchenbrüste sind fertig gegart, wenn sie außen schneeweiß sind und eine Kerntemperatur von ca. 70 °C haben.

Die Hühnchenbrüste aus der Folie wickeln. In einer Pfanne das Öl und die Butter erhitzen und den Rosmarinzweig zufügen. Sobald dieser aromatisch duftet, die Hühnchenbrüste auf der Hautseite goldbraun anbraten.

Safran-Sushireis

Den Reis in eine Schüssel füllen und unter fließendes Wasser stellen, bis das überlaufende Wasser klar wird. Den Sushireis nach Vorschrift in einem Reiskocher zubereiten. Dabei die Kurkuma und die Safranfäden zufügen.

Alternativ den Sushireis in einen ausreichend großen Topf füllen und 500 Milliliter kaltes Wasser aufgießen. Leicht salzen und die Kurkumascheiben und die Safranfäden zufügen. Den Reis aufkochen und 20–30 Minuten bei mittlerer Hitze zugedeckt ausquellen lassen, bis die Flüssigkeit vollständig aufgesaugt ist.

Den Reiswein, den Sushi-Essig und den Zucker in einem kleinen Topf zu einem Aufguss aufkochen.

Den fertig gegarten Reis in eine weite Schüssel (nach Möglichkeit eine Holzschüssel) füllen, den Aufguss zugeben und mit einem Holzlöffel untermischen. Die Schüssel mit einem feuchten Geschirrtuch abdecken und den Reis 10 Minuten ruhen lassen.

Wildkräutersalat

Die Wildkräuter waschen und gut trocken schütteln. Aus dem Öl, dem Essig, dem Salz und dem Pfeffer bzw. Piri Piri eine Marinade herstellen.

Anrichten

Je eine Portion Safran-Sushireis auf Tellern anrichten. Die Hühnchenbrust aufschneiden und auf die Teller verteilen. Den Wildkräutersalat auf den Reis setzen und mit der Marinade beträufeln.

Bärlauchcremesuppe mit Quinoa-Nockerln

FÜR 4 PERSONEN
Zubereitungszeit: 1 Std.

» mittel

Für die Bärlauchcremesuppe

1 Handvoll frischer Bärlauch
1 Schalotte
50 g Butter
50 g mehligkochende Kartoffel,
   grob gehobelt
1 Zweig Estragon
1 Zweig Zitronenthymian
50 g frische Champignons
1 l Geflügelbrühe
   (siehe Seite 184)
Salz
400 g flüssige Sahne
¼ Bd. glatte Petersilie
2 Eiswürfel
1 EL Sauerrahm
1 Spritzer Zitronensaft

Für die Quinoa-Nockerln

Salz
200 g Quinoa
1 Schalotte
1 EL Butter
3 Stängel glatte Petersilie
¼ Bd. Schnittlauch
1 TL grober Senf
1 EL Tomatenvinaigrette
   (siehe Seite 185)

Zum Anrichten

einige Blätter Bärlauch

 Lassen Sie sich für das Reduzieren von Suppen und Saucen ausreichend Zeit, da dies für den Geschmack entscheidend ist.

Bärlauchcremesuppe

Den Bärlauch waschen, die größeren Stiele abzupfen und beiseitelegen. Die Blätter zum Abtropfen in ein Sieb geben. Die Schalotte abziehen und sehr fein schneiden. Die Butter in einem Topf erhitzen und die Schalottenwürfel darin glasig dünsten. Die Bärlauchstiele, die Kartoffelstücke, die Kräuter und die Pilze zufügen und mit dem Geflügelfond aufgießen. Anschließend die Suppe leicht salzen, einmal aufkochen und bei mittlerer Hitze auf die Hälfte des Volumens reduzieren. Die Suppe mit einem Stabmixer sehr kurz aufmixen und danach durch ein feines Sieb passieren. Die Suppe dann wieder in den Topf füllen und nochmals aufkochen. Die Sahne zufügen und erneut aufkochen.

Die Bärlauchblätter mit den abgezupften Petersilienblättern, den Eiswürfeln, etwas Salz und dem Sauerrahm in einen hohen Mixbecher füllen und mit einem Stabmixer eine halbflüssige Paste herstellen.

Vor dem Servieren die Suppe mit einem Stabmixer kurz aufschäumen und die Bärlauchpaste unterrühren, mit Zitronensaft abrunden.

Quinoa-Nockerln

In einem Topf 500 Milliliter Wasser zum Kochen bringen. Das Wasser salzen und die Quinoa in ca. 20 Minuten weich kochen. (Das Wasser sollte vollständig aufgesaugt sein.) Die Quinoa in eine Schüssel umfüllen und etwas abdampfen lassen.

Die Schalotte abziehen und in sehr feine Würfel schneiden. Die Butter in einer kleinen Pfanne bei mittlerer Temperatur leicht bräunen lassen, die Schalottenwürfel zufügen und etwas andünsten. Die Pfanne vom Herd ziehen.

Die Petersilie sehr fein hacken und den Schnittlauch in sehr feine Röllchen schneiden. Die Kräuter, den Senf, die Tomatenvinaigrette und die Schalottenwürfel zur Quinoa geben und alles gut vermischen. Mit zwei Esslöffeln dekorative Nocken aus der Quinoa-Masse formen.

Anrichten

Die Suppe auf 4 vorgewärmte tiefe Teller verteilen. Auf jeden Teller seitlich eine Quinoa-Nocke anlegen und mit den Bärlauchblättern garnieren.

 Falls vom Häuten von Tomaten noch Schalen übrig sind, kann man diese hervorragend für diese Suppe verwenden. Einfach zusammen mit Geflügelfond in den Topf geben und mitköcheln lassen. Die Tomatenschalen erzeugen eine feine Säurekomponente.

Für alle flüssigen Speisen, die aufgeschäumt werden sollen, gilt: Das Verhältnis von Flüssigkeit zu Sahne bzw. Kokosmilch sollte 1:1 betragen. Sollte die Suppe oder Sauce einmal zu dünnflüssig geraten sein, kann man noch etwas eiskalte Butter montieren.

Kohlrabi-Carpaccio mit Granny-Smith-Apfel und Sellerie

FÜR 4 PERSONEN
Zubereitungszeit: 45 Min.
» *leicht*

Für das Kohlrabi-Carpaccio

4 sehr zarte, junge Kohlrabi
Salz
2 Granny-Smith-Äpfel
4 Stangen Staudensellerie
½ Bd. Estragon
1 EL Sauerrahm
4 EL Sushi-Essig
3–4 Tropfen grüne Tabascosauce
1 TL helle Sojasauce
2 EL Waldmeistersirup
100 ml Zitronenöl

Zum Anrichten

20 Blättchen Verde-a-Piccolo-
  Basilikum (alternativ sehr
  kleine Basilikumblätter)
frischer Estragon

Kohlrabi-Carpaccio

Die Kohlrabis putzen, gegebenenfalls holzige Anteile entfernen und die Stielansätze ganz glatt abschneiden. Die Blätter beiseitelegen. Die Kohlrabis mit Schale entweder mit einer Aufschnittmaschine oder mit einem Hobel in sehr dünne Scheiben schneiden. Die Scheiben nebeneinander auf 4 flache Teller legen. Die Kohlrabischeiben leicht salzen und 10 Minuten ruhen lassen.

1 Apfel mit Schale vierteln, das Kerngehäuse sorgfältig entfernen und den Apfel zusammen mit 2 Stangen Sellerie und den abgezupften Estragonblättern entsaften. (Falls kein Entsafter zur Hand ist, kann alles sehr fein püriert und der Saft mithilfe eines feinen Leinentuchs ausgepresst werden.) Den Saft mit dem Sauerrahm, dem Essig, der Tabascosauce, der Sojasauce und dem Waldmeistersirup in einen hohen Rührbecher füllen und mit einem Stabmixer gut vermischen. Anschließend unter Rühren das Zitronenöl einlaufen lassen.

Die restlichen 2 Stangen Sellerie putzen und in sehr feine Scheiben schneiden. Den restlichen Apfel mit Schale sehr fein würfeln.

Anrichten

Die Selleriescheiben und die Apfelwürfel gleichmäßig auf den Kohlrabischeiben verteilen. Die Marinade darüberträufeln. Die Teller mit den Basilikumblättchen, dem Estragon und kleinen Sellerieblättern garnieren.

 **Diese vegetarische Vorspeise eignet sich auch als Beilage zu einem Fisch-, Krustentier- oder Geflügelgericht. Man kann als vegetarische Variante auch z. B. Avocadospalten verwenden.**

Gegrillter grüner Spargel mit gepopptem Langostino

FÜR 4 PERSONEN
Zubereitungszeit:
30 Min. + Temperierphase

» leicht

Für den grünen Spargel

1 Bund grüner Spargel
1 Bio-Zitrone
4 EL Olivenöl extra vergine
Fleur de Sel
1 EL Tomatenvinaigrette
  (siehe Seite 185)
Piri Piri

Für die gepoppten Langostinos

8 Langostinos, küchenfertig
4 EL Mehl Type 405
1 Ei
4 EL Air Bag Porc Farina (Granulat
  von Sosa)
neutrales Pflanzenöl

Grüner Spargel

Die Spargelstangen putzen und gegebenenfalls holzige Teile abschneiden. Die Stangen auf den heißen Rost eines Holzkohlegrills legen und unter ständigem Hin- und Herrollen in ca. 7 Minuten garen. Alternativ kann auch eine Grillpfanne ohne Fettzugabe verwendet werden. Dabei die Spargelstangen ebenfalls permanent rollen.

Mithilfe eines Zestenreißers Zitronenzesten herstellen und in eine kleine Schale füllen. Das Olivenöl, etwas Fleur de Sel, die Tomatenvinaigrette und das Piri Piri zufügen und alles gut vermengen.

Gepoppte Langostinos

Die Langostinos ca. 1 Stunde vor der Weiterverarbeitung aus dem Kühlschrank nehmen, damit sie sich auf Raumtemperatur erwärmen.

Das Mehl, das verquirlte Ei und das Granulat in separaten, flachen Schalen nebeneinanderstellen. Die Langostinos erst leicht im Mehl wenden, anschließend durch das Ei ziehen. Das Ei etwas abtropfen lassen und danach die Langostinos auf das Granulat legen. Die Langostinos nicht andrücken und einmal wenden. Die Air-Bag-Porc-Farina-Schicht darf nur sehr dünn sein.

Das Pflanzenöl in einem Topf auf 200 °C erhitzen. (Machen Sie mit dem Stiel eines Holzkochlöffels vorsichtig eine Temperaturprobe: Sobald sich am Stiel Blasen bilden, stimmt die Temperatur.) Die panierten Langostinos im heißen Fett goldgelb frittieren. Die fertigen Langostinos aus dem Fett nehmen und kurz auf Küchenpapier abtropfen lassen.

Anrichten

Die Spargelstangen auf die Teller verteilen und mit der Marinade beträufeln. Je 2 gepoppte Langostinos an den Spargel anlegen.

Lauwarme Seeforelle mit eingelegten Radieschen, Zuckerschoten und Schnittlauchcreme

FÜR 4 PERSONEN
Zubereitungszeit:
30 Min. + 5 Tage Marinierzeit
+ Temperierphase
» leicht

Für die eingelegten Radieschen

2 Bund Radieschen
ca. 500 ml Sushi-Essig
2–3 EL Maiskeimöl
Fleur de Sel

Für die Forellenfilets

4 Forellenfilets
(à 100 g), ohne Haut und Gräten
1 EL Butter
Fleur de Sel

Für die Schnittlauchcreme

1 Bund Schnittlauch
1 EL Crème fraîche
1 EL Magerquark
1 EL Sauerrahm
2 EL Sushi-Essig
(von den eingelegten Radieschen)
1 Prise Cayennepfeffer
einige Tropfen Worcestershiresauce

Für die Zuckerschoten

100 g Zuckerschoten
1 EL neutrales Pflanzenöl
Fleur de Sel
1 Prise Kristallzucker

Zum Anrichten

einige Blätter Babyspinat
etwas frisch geriebener Meerrettich

Eingelegte Radieschen

Die Radieschen waschen und putzen, dabei die Blattansätze vollständig entfernen, die Wurzel nur kürzen. Die Radieschen dicht in Weckgläser schichten und vollständig mit Sushi-Essig aufgießen. Die Weckgläser fest verschließen und gekühlt für 5 Tage ruhen lassen.

Den Sushi-Essig abgießen und dabei auffangen. Die Radieschen vierteln und in eine Schale füllen. Vom aufgefangenen Sushi-Essig 2–3 Esslöffel abnehmen und in einer kleinen Schale zusammen mit dem Öl und etwas Fleur de Sel zu einer Marinade verrühren. Die Marinade über die Radieschen gießen und vermischen.

Forellenfilets

Die Forellenfilets ca. 1 Stunde vor der Verwendung aus dem Kühlschrank nehmen, damit sie Raumtemperatur annehmen. Eine flache, ofenfeste Platte mit der Butter einstreichen und die Filets darauf nebeneinander auslegen. Die Fischfilets samt der Platte fest mit Frischhaltefolie umwickeln und für ca. 14 Minuten auf die unterste Schiene in den auf 80 °C vorgeheizten Backofen (Umluft) stellen. Die fertigen Filets aus dem Ofen nehmen und beiseitestellen.

Unmittelbar vor dem Servieren die Folie entfernen.

Schnittlauchcreme

Den Schnittlauch waschen und sehr gut trocknen. Anschließend den Schnittlauch in sehr feine Röllchen schneiden. Die Schnittlauchröllchen in einem Rührbecher mit den restlichen Zutaten zu einer homogenen Creme verrühren und bis zur Verwendung kühl stellen.

Zuckerschoten

Die Zuckerschoten waschen und schräg halbieren. Das Öl in einer kleinen Pfanne erhitzen und die Zuckerschoten darin erwärmen. Mit Salz und Zucker würzen.

Anrichten

Die Schnittlauchcreme unregelmäßig auf den Tellern ausstreichen. Die Radieschen und die Zuckerschoten darauf verteilen. Die Filets darüber anrichten und mit etwas Fleur de Sel würzen. Die Teller mit den Babyspinatblättern und dem geriebenen Meerrettich garnieren.

Brennnessel-Risotto mit 50-Minuten-Ei

FÜR 4 PERSONEN
Zubereitungszeit: 1 Std.
» *mittel*

Für das 50-Minuten-Ei

**4 Eier von frei laufenden Bauern-
hühnern**

Für den Brennnessel-Risotto

1 Schalotte
1 Knoblauchzehe
4 EL Olivenöl
250 g Risottoreis
   (z.B. Vialone nano)
100 ml Prosecco
1,5 l heiße Geflügelbrühe
   (siehe Seite 184)
2–3 EL kalte Butter
4 EL frisch geriebener Parmesan
150 g Brennnesseln
50 g Kürbiskerne

Zum Anrichten

100 g flüssige braune Butter
einige Blätter Brennnessel

50-Minuten-Ei

Die Eier gegebenenfalls vorsichtig säubern und auf einer ofenfesten Platte für 50 Minuten in den auf 75 °C vorgeheizten Backofen (Umluft) schieben.

Brennnessel-Risotto

Schalotte und Knoblauch abziehen. Die Schalotte in feine Würfel schneiden und den Knoblauch fein hacken. Das Olivenöl in einem Topf erhitzen und die Schalottenwürfel darin glasig andünsten, den Knoblauch zugeben und kurz mit anschwitzen. Den Reis hinzufügen und nochmals alles zusammen anschwitzen. Mit dem Prosecco ablöschen und diesen gut einkochen lassen. Von der Geflügelbrühe unter ständigem Rühren portionsweise immer so viel zum Reis geben, dass der Reis nicht am Topf anliegt. Diesen Vorgang so lange wiederholen, bis der Reis den gewünschten Garpunkt und der Risotto die gewünschte Konsistenz erreicht hat. Nun die kalte Butter und den Parmesan unter den Risotto rühren.

Die Brennnesseln waschen, gut trocknen und fein hacken. Die Kürbiskerne ohne Fettzugabe in einer beschichteten Pfanne leicht anrösten und grob hacken. Kurz vor dem Servieren die Brennnesseln und die Kürbiskerne unter den Risotto mischen.

Anrichten

Den Risotto auf 4 vorgewärmte Teller verteilen. Je 1 Ei über den Risotto aufschlagen. Mit einer Gabelspitze in das Eigelb stechen und dieses etwas über den Risotto ziehen. Die braune Butter ringförmig um das Ei träufeln und mit einigen Brennnesselblättern garnieren.

Renkenfilet vom Grill mit Paprika

FÜR 4 PERSONEN
Zubereitungszeit:
45 Min. + Temperierphase
» *anspruchsvoll*

Für die Renkenfilets

8 Renkenfilets (à ca. 100 g),
    grätenfrei, mit Haut
2 EL Olivenöl

Für die Paprika

8 rote Paprikaschoten
1 weiße Zwiebel
100 ml Olivenöl
1 EL Tomatenmark
1 EL Ketchup
2 EL Champagneressig
Salz
Piri Piri
1 TL Rauchöl
1 Zweig Rosmarin
1 Zweig Thymian
1 Knoblauchzehe

Für die Ciabattascheiben

4 EL Olivenöl
8 Scheiben Ciabatta

Zum Anrichten

frisch geriebener Meerrettich
Blutampferblätter

Renkenfilets

Die Renkenfilets etwa 1 Stunde vor der Weiterverarbeitung aus dem Kühlschrank nehmen und auf Raumtemperatur temperieren.

Die Fischfilets auf der Hautseite leicht mit Olivenöl einpinseln. Anschließend die Filets, um sie etwas zu trocknen, für ca. 10 Minuten mit der Hautseite nach unten zwischen zwei Lagen Küchenpapier legen.

Die Renkenfilets mit der Hautseite nach unten für ca. 3 Minuten auf dem sehr heißen Rost eines rotglühenden Holzkohlegrills grillen. Alternativ kann auch eine sehr heiße Grillpfanne verwendet werden.

Paprika

Die Paprikaschoten waschen, putzen und vierteln. Dann die Paprika mit einem Sparschäler sorgfältig schälen, dabei die Schalen aufheben. Die Paprikaschalen in einen Entsafter geben und den Saft bis zur Weiterverwendung beiseitestellen. (Alternativ können die Schalen mit etwas Wasser und Olivenöl fein püriert und anschließend mithilfe eines feinen Leinentuchs ausgepresst oder durch ein sehr feines Sieb passiert werden.)

Die Paprikaviertel in unregelmäßig geformte, etwa gleich große Stücke schneiden. Die Zwiebel abziehen, halbieren und die Hälften in sehr feine Scheiben schneiden. Das Olivenöl in einem Topf erhitzen und die Paprikastücke zusammen mit den Zwiebelscheiben gut anschwitzen. Das Tomatenmark und das Ketchup dazugeben und ebenfalls mit anschwitzen. Dann mit dem Champagneressig ablöschen und diesen einkochen lassen. Nun mit dem Paprikasaft aufgießen und die restlichen Zutaten zufügen. Das Paprikagemüse ca. 4 Minuten köcheln lassen.

Vor dem Servieren das Gemüse etwas abkühlen lassen.

Ciabattascheiben

Das Olivenöl in einer Pfanne erhitzen und die Ciabattascheiben sehr kross anbraten. Alternativ können die Ciabattascheiben auch nebeneinander auf ein Backblech gelegt und im auf 180 °C vorgewärmten Backofen (Umluft) kross gebacken werden. Anschließend mit einigen Tropfen Olivenöl beträufeln.

Anrichten

Das Paprikagemüse auf einer Platte anrichten und die Renkenfilets darauf verteilen. Die Ciabatttascheiben daneben verteilen. Die Platte mit dem Meerrettich und den Blutampferblättern garnieren.

 Frische, weiche Ciabattascheiben können zum Aufbacken auch in eine Form (z.B. eine kleine, ofenfeste Schale) gepresst werden. Die Form dann in den auf 180 °C vorgewärmten Backofen (Umluft) schieben und die Brotscheiben kross backen. Man erhält dadurch sehr dekorative Formen.

Lammkarree mit jungen Artischocken

FÜR 4 PERSONEN
Zubereitungszeit:
45 Min. + Temperierphase
» mittel

Für das Lammkarree

1 kg Lammkarree
Salz
2 EL raffiniertes Olivenöl
1 Knoblauchzehe, mit Schale
2 getrocknete Tomaten
10 schwarze Oliven, entsteint
2 EL Butter
1 Zweig Rosmarin
1 Zweig Thymian
4 EL Tomatenvinaigrette
  (siehe Seite 185)
Piri Piri

Für die jungen Artischocken

2 EL Olivenöl
8 junge, zarte Artischocken,
  küchenfertig geputzt und
  geviertelt
1 Bund grüne Spargelspitzen,
  küchenfertig geputzt
1 Bund Frühlingszwiebeln
1 EL Aceto balsamico

Für die Fregola Sarda

einige Blätter Babyrucola
einige frisch gehobelte Parme-
  sanspäne
Zesten von 1 Bio-Zitrone

Lammkarree

Das Lammkarree ca. 1 Stunde vor der Weiterverarbeitung aus dem Kühlschrank nehmen, damit es sich auf Raumtemperatur erwärmt.

Das temperierte Fleisch leicht salzen und 15 Minuten ruhen lassen. Das Olivenöl in einer ofenfesten Pfanne erhitzen, die Knoblauchzehe mit der flachen Seite eines breiten Messers oder dem Handballen zerdrücken und zum Öl in die Pfanne geben. Das Lammkarree von allen Seiten gut anbraten und anschließend für ca. 12 Minuten auf die untere Schiene in den auf 180 °C vorgeheizten Backofen (Umluft) schieben. (Das Fleisch sollte eine Kerntemperatur von ca. 54 °C annehmen.) Das Fleisch aus dem Ofen ziehen und 3–4 Minuten auf einer Platte ruhen lassen.

Die Tomaten und die Oliven hacken. In der Pfanne, in der das Lammkarree angebraten wurde, die Butter erhitzen. Die gehackten Tomaten und Oliven zusammen mit dem Rosmarin und dem Thymian in die Pfanne geben und etwas durchziehen lassen. Das Lammkarree in die Pfanne geben und in der Würzbutter wenden und damit übergießen. Das Fleisch bis zum Servieren warm stellen.

Für die Sauce die Würzbutter mit der Tomatenvinaigrette, 1 Prise Piri Piri und einigen Spritzern Wasser aufkochen. Vor dem Servieren den Rosmarin, den Thymian und die Knoblauchzehe entfernen.

Junge Artischocken

Das Olivenöl in einer Pfanne erhitzen und die Artischockenviertel darin anbraten. Nach etwa 2 Minuten die Spargelspitzen dazugeben und weiter anbraten. Die Frühlingszwiebeln der Länge nach halbieren und etwas kürzen. Nach weiteren 2 Minuten diese ebenfalls zu den Artischocken in die Pfanne geben und nochmals alles durchschwenken. Den Aceto balsamico zum Gemüse geben und vermengen. Vor dem Servieren die heiße Lammsauce (siehe oben) dazugeben und das Ganze gut durchschwenken.

Anrichten

Aus dem Artischockengemüse ein Bett auf den vorgewärmten Tellern anrichten. Das Lammkarree tranchieren und je 3 Scheiben Fleisch mit Knochen auf das Gemüsebett legen. Die Teller mit einigen Blättern Babyrucola, Parmesanspänen und Zitronenzesten garnieren.

Die Reste vom grünen Spargel können zu einem kleinen Salat verarbeitet werden. Dazu die Spargelstangen in etwas Salzwasser kochen. Wenn die Stangen noch etwas Biss haben, den Spargel aus dem Wasser nehmen, mit kaltem Wasser abschrecken und schräg in Scheiben schneiden. Für die Vinaigrette 2 EL Sojasauce, 2 EL Olivenöl, etwas Wasabipaste, 2 Tropfen Sesamöl, ½ TL geröstete weiße Sesamsaat und etwas frisch gehackten Koriander gut vermischen und den grünen Spargel damit marinieren.

Fleisch verhält sich beim Garen sehr individuell. Um den perfekten Garpunkt zu erzielen, ist es deshalb ratsam, die Kerntemperatur mit einem Bratthermometer zu überprüfen.

Frische Artischocken neigen dazu, sich beim Braten leicht zu verfärben. Dies lässt sich mit einigen Tropfen Sushi-Essig verhindern.

Rücken vom Maibock mit orientalischer Kruste auf Shiitake-Teriyaki

FÜR 4 PERSONEN
Zubereitungszeit:
30 Min. + Temperierphase
» *mittel*

Für den Maibockrücken

800 g Maibockrücken, ausgelöst
Salz
frisch gemahlener schwarzer Pfeffer
1 EL neutrales Pflanzenöl
2 EL Butter
4–5 Wacholderbeeren, angedrückt
1 TL Koriandersamen

Für die orientalische Kruste

1 TL weiße Sesamsaat, geröstet
1 TL schwarze Sesamsaat, geröstet
1 EL sehr fein geschnittene Schnitt-lauchröllchen
½ EL Mohnsamen
½ EL Sumach
1 Prise Fleur de Sel

Für das Shiitake-Teriyaki

4 EL Teriyakisauce
2 EL helle Sojasauce
1 TL grüne Wasabipaste
400 g Shiitake-Pilze
1 rote Zwiebel
50 ml neutrales Pflanzenöl
200 g Sojasprossen
200 g Babyspinat

Zum Anrichten

Affilakresse

Maibockrücken

Das Fleisch ca. 2 Stunden vor der Weiterverarbeitung aus dem Kühlschrank nehmen. Anschließend das Fleisch von allen Seiten leicht salzen und pfeffern. Das Öl und die Butter in einer ofenfesten Pfanne erhitzen und die Aromen zufügen. Dann das Fleisch unter ständigem Hin- und Herrollen von allen Seiten gleichmäßig goldbraun anbraten. Die Pfanne danach für 8 Minuten auf die untere Schiene des auf 180 °C vorgeheizten Backofens (Umluft) schieben. Der Maibockrücken sollte eine Kerntemperatur von mindestens 54 °C annehmen.

Orientalische Kruste

Alle Zutaten in einer Schale gut vermischen und dann auf einer flachen Schale oder einem Brett flach ausstreuen. Den Maibockrücken unmittelbar vor dem Servieren darin wälzen, sodass er von allen Seiten gut mit Gewürzen umgeben ist. Den Rücken in ca. 2 Finger breite Medaillons aufschneiden.

Shiitake-Teriyaki

Die Teriyakisauce zusammen mit der Sojasauce, der Wasabipaste und 100 Milliliter Wasser in einem kleinen Topf aufkochen und den Aufguss beiseitestellen.

Die Pilze putzen und vierteln. Die Zwiebel abziehen, halbieren und in feine Scheiben schneiden. Das Öl in einem Topf erhitzen und die Pilze darin anbraten, dabei gegebenenfalls noch etwas mehr Öl zufügen, denn Shiitake-Pilze benötigen relativ viel Fett. Die Zwiebelscheiben zufügen und ebenfalls mit anbraten. Die Pilze mit dem Teriyaki-Aufguss aufgießen und die Flüssigkeit etwas reduzieren lassen. Unmittelbar vor dem Servieren die Sojasprossen und die Babyspinatblätter untermischen.

Anrichten

Das Shiitake-Teriyaki auf die vorgewärmten Teller verteilen und die Maibockmedaillons darauf anrichten. Die Teller mit der Affilakresse garnieren.

Irisches Entrecote vom Grill mit Ofentomaten, Fregola Sarda und Bärlauchpesto

FÜR 4 PERSONEN
Zubereitungszeit:
2 Std. + Temperierphase
» anspruchsvoll

Für das Entrecote

**4 Scheiben irisches Entrecote
 (à ca. 250 g)
2 EL neutrales Pflanzenöl
1 Spritzer Zitronensaft
Olivenöl
frisch gemahlener schwarzer Pfeffer
Fleur de Sel**

Für die Ofentomaten

**2 Handvoll Datteltomaten
2 EL Olivenöl
Salz
1 Prise Puderzucker
3 Knoblauchzehen, mit Schale
4 Zweige Rosmarin
4 Zweige Thymian
1 Handvoll Basilikumblätter
frisch gemahlener weißer Pfeffer**

Für die Fregola Sarda

**Salz
250 g Fregola Sarda (Nudeln in
 Kugelform)
100 ml Olivenöl
2 EL frisch geriebener Parmesan
½ EL glatte Petersilie, fein gehackt
etwas Schalenabrieb von 1 Bio-
 Zitrone**

Für das Bärlauchpesto

**¼ Bd. glatte Petersilie
100 g Bärlauch
200 ml Olivenöl extra vergine
3 ml Trüffelöl**

Entrecote

Das Fleisch ca. 2 Stunden vor der Weiterverarbeitung aus dem Kühlschrank nehmen, damit es sich auf Raumtemperatur erwärmt.

In einer Pfanne das Öl erhitzen und die Fleischscheiben von beiden Seiten gut anbraten. Anschließend die Entrecotes auf den sehr heißen Grillrost eines rotglühenden Holzkohlegrills legen. Die Entrecotes auf jeder Seite ca. 3 Minuten grillen. Die Entrecotes sind dann medium-rare mit einer Kerntemperatur von ca. 54 °C. Vor dem Servieren einige Tropfen Zitronensaft und Olivenöl über das Fleisch gießen und mit Pfeffer und Salz würzen.

Ofentomaten

Die Tomaten auf der Blütenseite mit einem feinen Messer kreuzweise einritzen. In einem Topf Wasser zum Kochen bringen und den Topf vom Herd ziehen. Die Tomaten für maximal 30 Sekunden in das heiße Wasser geben, mit einem Schaumlöffel wieder herausheben und dann sofort in eine bereitgestellte Schüssel mit Eiswasser legen. Die Tomaten noch im Eiswasser häuten, anschließend herausheben und mit Küchenpapier trocken tupfen.

Die Tomaten in eine Schale legen und alle restlichen Zutaten dazugeben, dabei die Knoblauchzehen entweder mit dem Handballen oder mit einem breiten Messer etwas zerdrücken. Alle Zutaten vorsichtig vermischen und auf einer flachen, ofenfesten Form ausbreiten. Die Tomaten für ca. 2 Stunden auf der unteren Schiene im auf 80 °C vorgeheizten Backofen (Umluft) schmoren lassen. Die Tomaten anschließend abkühlen lassen und die Kräuterzweige und die Knoblauchzehen entfernen.

Fregola Sarda

Etwa 2 Liter Wasser in einem großen Topf zum Kochen bringen und salzen. Die Fregola Sarda darin in 15–20 Minuten al dente kochen, dann das überschüssige Wasser abgießen und die Fregola Sarda abdampfen lassen. Die restlichen Zutaten vor dem Servieren unter die Fregola Sarda mischen.

Bärlauchpesto

Die Petersilienblätter abzupfen. Alle Zutaten in einen Standmixer füllen und ein nicht zu feines Pesto herstellen.

Kartoffelchips

Die Kartoffel waschen und schälen. Mithilfe einer Aufschnittmaschine oder eines Hobels sehr feine Scheiben herstellen. Die Kartoffelscheiben einige Minuten in eine Schale mit heißem Wasser legen und anschließend in einer Salatschleuder trocknen.

1 EL Cashewnusskerne
1 EL Pinienkerne
2 Eiswürfel
1 EL frisch geriebener Parmesan
Salz

Für die Kartoffelchips

1 mittelgroße, festkochende
   Kartoffel
neutrales Pflanzenöl, Salz

Reichlich Öl in einem kleinen Topf auf 180 °C erhitzen. (Machen Sie mit dem Stiel eines Holzkochlöffels vorsichtig eine Temperaturprobe: Sobald sich am Stiel Blasen bilden, stimmt die Temperatur.) Die Kartoffelscheiben goldbraun frittieren, aus dem Fett nehmen und auf Küchenpapier abtropfen lassen. Vor dem Servieren die Kartoffelchips etwas salzen.

Anrichten

Die Entrecotes auf die vorgewärmten Teller verteilen. Daneben die Fregola Sarda und die Ofentomaten anrichten. Etwas Bärlauchpesto ausstreichen und die Kartoffelchips dazwischenstecken.

Rhabarbertarteletts mit Buttermilcheis

FÜR 4 PERSONEN
Zubereitungszeit:
1 Std. + Temperierphase
» *anspruchsvoll*

Für das Buttermilcheis

2 Bio-Zitronen (Abrieb und Saft)
1 Vanilleschote (optional)
500 ml Buttermilch
100 g Kristallzucker
2 EL Milchpulver
2 EL Glukose
1 Prise Salz

Für den Mürbteig

125 g Butter
65 g Kristallzucker
1 Päckchen Vanillezucker
1 Prise Salz
Abrieb von ½ Bio-Zitrone und
    ½ Bio-Orange
1 Ei (Größe L)
215 g Mehl Type 405

Für den Belag

40 g Vanillepuddingpulver
50 g Kristallzucker (eventuell
    etwas mehr)
190 g flüssige Sahne
190 g Sauerrahm
2 Eigelbe
10 ml Eierlikör
1 kleine Prise Salz
400 g Rhabarber
gemahlener Zimt

Buttermilcheis

Die gelben Anteile der Zitronenschale fein abreiben und den Saft auspressen. Die Vanilleschote, soweit verwendet, mit einem spitzen Messer längs aufschlitzen und mit dem Messerrücken das Mark auskratzen. Alle Zutaten anschließend gut miteinander verrühren und abschmecken. Die Masse dann für ca. 1 Stunde in einer Eismaschine rühren lassen, um ein sehr cremiges Eis zu erhalten. Alternativ wird die Masse in eine geeignete Form gefüllt und tiefgekühlt. Dabei muss die Eismasse in den ersten Stunden mehrmals gut umgerührt werden.

Mürbteig

Alle Zutaten rechtzeitig vor der Verwendung bereitstellen, damit sie Raumtemperatur annehmen können. Die Butter, den Zucker, den Vanillezucker, das Salz sowie den Zitronen- und Orangenabrieb gut verrühren. Das Ei in die Masse arbeiten. Zum Schluss das Mehl über den Teig sieben und einkneten. Der Teig sollte relativ zügig durchgeknetet werden. Anschließend den Teig zu einer Rolle formen und in Frischhaltefolie einwickeln. Die Teigrolle 30 Minuten kalt stellen.

Belag

Das Vanillepuddingpulver mit dem Zucker gut vermischen und mit wenig Sahne gut verrühren, damit sich keine Klumpen bilden. Anschließend die restliche Sahne, den Sauerrahm, die Eigelbe, den Eierlikör und das Salz unterrühren.

Den Rhabarber putzen. Nach Belieben kann er ungeschält (besonders bei rotschaligen Sorten ist das für die Optik empfehlenswert) oder geschält verwendet werden. Die Stangen schräg in etwa fingerbreite Stücke schneiden. Nach Geschmack können die Rhabarberstücke mit etwas Zimt und Zucker vermischt werden.

Fertigstellung

Die Tartelettfomen dünn mit 1 Esslöffel Butter ausstreichen und mit Mehl bestäuben. Den Mürbteig auf einer sauberen Arbeitsfläche 3–4 Zentimeter dick ausrollen und mit dem Teig die Tartelettformen auskleiden. Die Erbsen darauf verteilen. Die Tarteletts im auf 170 °C vorgeheizten Backofen (Umluft) 5–7 Minuten blindbacken.

Die restliche Butter in einer Pfanne bei mittlerer Temperatur erhitzen und die Semmelbrösel darin goldbraun rösten. Die Semmelbrösel etwas zuckern und nach Geschmack mit den Zitronen- und Orangenzesten aromatisieren. Die Semmelbrösel als dünne Schicht auf den vorgebackenen Tarteletts ausstreuen und darauf die Rhabarberstücke verteilen.

Für die Fertigstellung

4 Tartelettformen
  (8–10 cm Durchmesser)
2 EL Butter
1 EL Mehl Type 405
8 EL trockene Erbsen
2 EL Semmelbrösel
etwas Kristallzucker
optional Zesten von Bio-Zitrone
  und Bio-Orange

Den Sahneaufguss gleichmäßig auf die Tarteletts verteilen, sodass die Tarteletts bis zum Rand gefüllt sind. Anschließend die Rhabarbertarteletts für ca. 20 Minuten im Backofen fertig backen. (Bei fertig gegarten Rhabarbertarteletts sollte der Sahneaufguss bei einem Rütteltest fest sein.)
Die Rhabarbertarteletts erkalten lassen und aus der Form lösen.

Anrichten

Die Tarteletts auf die Teller verteilen und mit dem Buttermilcheis servieren.

Holunderblüten-Walderdbeeren-Süppchen mit Waldmeister-Granny-Smith-Apfel-Sorbet

FÜR 4 PERSONEN
Zubereitungszeit: 1 ½. Std. +
Kühlphase
» *mittel*

Für das Holunderblüten-Walderdbeeren-Süppchen

7 Blatt Gelatine
50 ml Wodka
200 ml Holunderblütensirup
400 ml Prosecco
150 ml Moscato d'Asti
1 Spritzer Zitronensaft
400–500 g Walderdbeeren, geputzt

Für das Waldmeister-Granny-Smith-Apfel-Sorbet

90 g Kristallzucker
23 g Glukose
100 ml Waldmeistersirup
200 g frischer Waldmeister
ca. 1 kg Granny-Smith-Äpfel
1 Spritzer Zitronensaft

Zum Anrichten

einige Waldmeisterblätter

Holunderblüten-Walderdbeeren-Süppchen

Die Gelatine 5 Minuten in kaltem Wasser einweichen. Den Wodka in einem kleinen Schmelztopf über einem Wasserbad erwärmen und die ausgedrückten Gelatineblätter darin auflösen. Den Holunderblütensirup, 330 ml Prosecco, den Moscato d'Asti und den Zitronensaft vermischen und die Gelatine durch ein feines Sieb in die Mischung gießen und unterrühren. Das Süppchen mindestens 5 Stunden kalt stellen.

Unmittelbar vor dem Servieren das Holunderblütengelee mit dem restlichen Prosecco anrühren, sodass leichte Perlen entstehen.

Waldmeister-Granny-Smith-Apfel-Sorbet

Den Zucker mit der Glukose, dem Waldmeistersirup und 200 Milliliter Wasser in einen Topf füllen, vermischen und erhitzen. Die Waldmeisterblätter abzupfen und in den Topf geben. Den Topf vom Herd nehmen und die Mischung 30 Minuten ziehen lassen. Anschließend die Mischung mit einem Stabmixer leicht mixen und durch ein feines Sieb passieren.

Die Äpfel waschen und das Kerngehäuse entfernen. Die Äpfel anschließend in einem Entsafter reiben und auspressen. Den Saft auffangen (es werden 500 Milliliter Apfelsaft benötigt), in eine Schüssel füllen und die Waldmeistermischung unterrühren. Nach Belieben noch mit etwas Zitronensaft abschmecken. Die Mischung dann für ca. 1 Stunde in einer Eismaschine rühren lassen, um ein cremiges Sorbet zu erhalten. Alternativ wird die Masse in eine geeignete Form gefüllt und tiefgekühlt. Dabei muss die Eismasse in den ersten Stunden mehrmals gut umgerührt werden.

Anrichten

Die Walderdbeeren auf tiefe Teller verteilen und das Holunderblütensüppchen darübergießen. 1 Kugel Waldmeister-Granny Smith-Apfel-Sorbet darauf anrichten. Mit den Waldmeisterblättern garnieren.

Topfensoufflé mit Gewürz-Baby-Ananas-Carpaccio

FÜR 4 PERSONEN
Zubereitungszeit:
45 Min. + 2 Tage Marinierzeit
» anspruchsvoll

Für das Gewürz-Baby-Ananas-Carpaccio

200 g Kristallzucker
200 ml Prosecco
400 ml Ananassaft
1 Sternanis
1 grüne Kardamomkapsel
1 Nelke
1 Stange Zimtrinde
1 Stängel Zitronengras
1 frische Baby-Ananas

Für das Topfensoufflé

2 Eier
15 g Vanillepuddingpulver
40 ml Milch
125 g Topfen
60 g Sauerrahm
50 g Kristallzucker und 1 EL für
  die Formen
1 Vanilleschote
Abrieb von ½ Bio-Zitrone
1 Prise Salz
1 EL Butter

Gewürz-Baby-Ananas-Carpaccio

Den Zucker in einem Topf goldgelb karamellisieren lassen und mit Prosecco ablöschen. Den Ananassaft aufgießen. Nach Geschmack die Aromastoffe zugeben. Das Zitronengras am besten mit einer Pfanne oder mit dem Griff eines schweren Messers zerklopfen, damit die Aromastoffe besser entweichen können. Die Ananas sorgfältig schälen und mithilfe eines Apfelausstechers sorgfältig den inneren Strunk entfernen. Die Ananas in ein Weckglas passender Größe stellen und mit dem Fond aufgießen. Die Ananas sollte ganz mit Fond bedeckt sein. Die Ananas am besten 48 Stunden, mindestens aber über Nacht ziehen lassen. Vor dem Servieren die Ananas mit einem scharfen Messer oder mit einer Aufschnittmaschine in dünne Scheiben schneiden.

Topfensoufflé

Die Eier trennen. Das Vanillepuddingpulver mit der Milch klumpenfrei anrühren. Anschließend den Topfen, den Sauerrahm, 30 Gramm Zucker und Eigelbe unterrühren. Die Vanilleschote mit einem spitzen Messer längs aufschlitzen und mit dem Messerrücken das Mark auskratzen. Das Vanillemark mit dem Abrieb der Zitrone unter die Soufflémasse rühren. Eiweiß mit 1 Prise Salz schaumig rühren, dann unter Rühren den restlichen Zucker (20 Gramm) einrieseln lassen und den Eischnee cremig aufschlagen. Anschließend das Eiweiß vorsichtig unter die Soufflémasse haben.

4 Souffléförmchen leicht mit Butter ausstreichen und mit Zucker bestreuen. Die Soufflémasse in die Formen füllen, sodass sie ca. ¾ voll sind. Die Förmchen für 10–15 Minuten auf einem mit heißem Wasser gefüllten Backblech in den auf 220 °C vorgeheizten Backofen (Unterhitze) schieben. Die Soufflés aus dem Ofen nehmen, stürzen und sofort servieren.

Anrichten

Die vorbereiteten Teller mit dem Gewürz-Baby-Ananas-Carpaccio belegen und das Soufflé darauf anrichten.

Karamellisiertes Popcorn mit Safraneis

FÜR 4 PERSONEN
Zubereitungszeit: 1 ½ Std.

» anspruchsvoll

Für das Safraneis

250 ml Milch
250 g flüssige Sahne
6 Eigelbe
125 g Kristallzucker
1–2 Prisen gemahlener Safran

Für das karamellisierte Popcorn

50 g Popcornmais
150 g Kristallzucker

Zum Anrichten

einige essbare Blüten

Safraneis

Die Milch und die Sahne in einen Topf gießen und aufkochen. Die Eigelbe mit dem Zucker schaumig rühren. Die etwas abgekühlte Sahne-Milch-Mischung unter das Eigelb rühren. Alles zusammen über einem Wasserbad bei ca. 75 °C zur Rose abziehen. (Die Masse soll, wenn sie auf einem Holzkochlöffel angepustet wird, ein wellenförmiges Muster annehmen, das einer Rose ähnelt und nicht sofort verläuft.) Zum Schluss den Safran untermischen. Die Eismasse über Nacht im Kühlschrank durchziehen lassen. Die Masse dann für ca. 1 Stunde in einer Eismaschine rühren lassen, um ein sehr cremiges Eis zu erhalten. Alternativ wird die Masse in eine geeignete Form gefüllt und tiefgekühlt. Dabei muss die Eismasse in den ersten Stunden mehrmals gut umgerührt werden.

Karamellisiertes Popcorn

Entsprechend den Hinweisen auf der Packung aus dem Mais Popcorn herstellen. Das fertige Popcorn auf einem mit einem Backpapier ausgelegten Backblech flach verteilen.

Den Zucker und 50 Milliliter Wasser in einem sehr sauberen Topf miteinander verrühren. Bei mittlerer Temperatur die Masse erhitzen, bis sich der Zucker vollständig aufgelöst hat. Der Karamell ist fertig, wenn er eine goldgelbe Farbe angenommen hat. Jetzt sofort den Topf vom Herd nehmen und den heißen Karamell mit einer Gabel über das Popcorn schleudern (Vorsicht: Verbrennungsgefahr!). Das karamellisierte Popcorn abkühlen lassen und in unregelmäßige Formen brechen.

Anrichten

Das karamellisierte Popcorn auf die vorbereiteten Teller legen und mit den Blüten und etwas Karamell garnieren. Eine Nocke Safraneis in einem Esslöffel daneben anrichten.

Sauerrahmschnitte mit Erdbeer-Macarons und Buttermilcheis

FÜR 4 PERSONEN
Zubereitungszeit:
1 Std. + Temperierzeit
» anspruchsvoll

Für das Buttermilcheis

Abrieb und Saft von 2 Bio-Zitronen
1 Vanilleschote
500 ml Buttermilch
100 g Kristallzucker
1 Prise Salz
2 EL Glukose
2 EL Milchpulver

Für die Sauerrahmschnitte

Für den Mürbteig
200 g Butter
10 g Eigelb
15 g Eiweiß
300 g Mehl Type 405
90 g Puderzucker
Mark von 1 Vanilleschote
Abrieb von 1 Bio-Zitrone
1 Prise Salz

Für die Sauerrahmmousse
300 g Sauerrahm
20 ml Ingwersirup
Mark von 1 Vanilleschote
10 cl Beerenauslese
3 ½ Blatt Gelatine
frisch gepresster Zitronensaft
200 g flüssige Sahne
1 Eiweiß
30 g Kristallzucker

Für das Gelee
2 Blatt Gelatine
80 g Erdbeermark
20 ml Holundersirup
1 Spritzer Ingwersirup

Buttermilcheis

Den Abrieb und den Saft der Zitronen, das ausgekratzte Mark und die Vanilleschote, die Buttermilch, den Zucker und das Salz gut verrühren und abgedeckt über Nacht durchziehen lassen. 100 Milliliter Wasser erhitzen, die Glukose darin auflösen und das Milchpulver unterrühren. Die Mischung dann unter die Buttermilch mischen und alles zusammen durch ein feines Sieb passieren. Die Eisgrundmasse dann in einer Eismaschine gefrieren lassen.

Sauerrahmschnitte

MÜRBTEIG

Für den Mürbteig die Butter, die Eier, das Mehl, den Zucker, das Vanillemark, den Zitronenabrieb und das Salz in einer Küchenmaschine zu einem gleichmäßigen Teig verkneten. Aus dem Teig eine Rolle formen, mit Frischhaltefolie umwickeln und für 30 Minuten kühlen. Den Teig anschließend ca. 0,5 Zentimeter dick ausrollen und auf ein mit Backpapier ausgekleidetes Backblech legen. Den Mürbteig für 7–8 Minuten in den auf 180 °C vorgeheizten Backofen (Umluft) schieben. Den Mürbteig danach vollständig auskühlen lassen.

SAUERRAHMMOUSSE

Den Sauerrahm, den Ingwersirup, das Vanillemark und die Beerenauslese vermischen. Die Gelatine für 5 Minuten in kaltem Wasser einweichen. Den Zitronensaft in einer Schüssel über einem Wasserbad erwärmen und die ausgedrückte Gelatine darin auflösen. Den Sauerrahm portionsweise unter die Gelatine rühren. Die Sahne steif schlagen und unter die Masse rühren. Das Eiweiß mit dem Zucker steif schlagen und unter die Masse heben. Die Sauerrahmmousse dann kühlen.

Den Mürbteig (siehe oben) in einen rechteckigen Backrahmen passender Größe legen. Sobald die Mousse zu gelieren beginnt, wird sie auf den Mürbteig gegossen und glatt gestrichen. Das Ganze dann so lange kühlen, bis die Mousse fest geworden ist.

GELEE

Die Gelatine für 5 Minuten in kaltem Wasser einweichen. Die restlichen Zutaten in einem kleinen Topf erhitzen und die Gelatine darin auflösen. Die Masse abkühlen, aber nicht fest werden lassen. Das noch flüssige Gelee auf die gelierte, kalte Sauerrahmschnitte gießen und durch vorsichtiges Kippen über die gesamte Oberfläche verlaufen lassen.

Vor dem Servieren mit einem scharfen Messer vorsichtig rechteckige Schnitten herausschneiden.

Für die
Erdbeer-Macarons

75 g Erdbeermark
12 g Puderzucker
7,5 g Albumin (Sosa)

Für das Erdbeermus

10 Erdbeeren
1 EL Puderzucker

Zum Anrichten

12 Erdbeeren
Puderzucker
Thai-Basilikum-Blätter

Erdbeer-Macarons

Alle Zutaten in eine Rührschüssel füllen und mit einem Schneebesen steif aufschlagen. Die Masse in eine Spritztüte füllen und Tupfer auf ein Backblech spritzen. Die Macarons für 45–50 Minuten im auf 90 °C vorgeheizten Backofen (Umluft) trocknen lassen.

Erdbeermus

Die Erdbeeren mit dem Puderzucker pürieren und durch ein feines Sieb streichen.

Anrichten

Die Beeren halbieren und mit Puderzucker bestreuen.
 Das Erdbeermus als Strich auf den Tellern ausstreichen und eine Sauerrahmschnitte anrichten. Die Beeren und je 3 Macarons locker auf dem Teller verteilen, mit einigen Thai-Basilikum-Blättern garnieren. Abschließend eine Nocke Eis auf jeden Teller legen.

GUTSHOF POLTING

LAMM, REH, ENTE, HUHN UND MEHR Der Gutshof der Familie Riederer Freiherr von Paar zu Schönau liegt in Niederbayern. Der wunderschöne alte Hof mit zwei Wohnhäusern sowie den dazugehörigen Nutzgebäuden – das ist schon das ganze »Polting«. Aber immerhin gibt es ein eigenes Bushäuschen. Sehr charmant.

Die Familie Riederer von Paar ist tief mit ihrem Land verwurzelt und bei aller Adelstradition absolut am Boden geblieben, ganz wörtlich. Franz Riederer ist für mich ein absoluter Freak, was die Produktqualität angeht. Sein Vater, der alte Baron, hatte schon Ende der 1980er-Jahre die Idee, mit seinen Lämmern die Spitzengastronomie zu beliefern. Heute hat Franz Riederer Hof und Betrieb von seinem inzwischen verstorbenen Vater übernommen. Eines steht jetzt schon fest: Einer seiner beiden Söhne wird Hof, Schafzucht und das Markenzeichen »Gutshof Polting« in ein paar Jahren übernehmen. Das ist gelebte Tradition. Ich bin stolz, dass Franz Riederer uns seit mehreren Jahren beliefert. Inzwischen nicht nur mit Lämmern, sondern auch mit Reh, Hühnern, ab und zu mal einem Fisch und seinen großartigen Enten. Jedes Mal, wenn ich selbst nach Polting fahre, bin ich wieder von der Sauberkeit in den Ställen und von der Hygiene in den Schlachträumen begeistert. Ich sehe vor allem, dass die Tiere artgerecht gehalten werden. Sie sind viel auf der Weide, aber auch in der Scheune spielen sie im Heu herum. Es geht ihnen richtig gut. Das ist mir enorm wichtig.

SOMMER

Sommer

Erdbeeren

Was viele Leute gar nicht wissen: Neben unseren normalen »Hauserdbeeren« gibt es auch weiße Erdbeeren, sogenannte Ananaserdbeeren, die tatsächlich leicht nach Ananas schmecken. Außerdem natürlich die kleinen, sehr intensiv schmeckenden Walderdbeeren – fantastisch. Am besten sind Erdbeeren immer, wenn sie ganz frisch sind – also aus nächster Nähe kommen. Die Früchte müssen prall und leuchtend rot sein und ziemlich intensiv riechen. Erdbeeren reifen nicht nach. Wenn also grüne oder weiße Stellen an einzelnen Früchten sind, sollten Sie diese lieber nicht kaufen. Bei den meisten Menschen werden Kindheitserinnerungen wach, wenn sie an Erdbeeren pur denken, vielleicht mit ein bisschen Sahne oder Joghurt. Wir verarbeiten sie oft zu Mousse, Marmelade oder Eis. Ideale Partner sind Schokolade oder Minze. Und im sauren Bereich passen sie wunderbar in Salate, grandios beispielsweise als süßer Ausgleich beim leicht bitteren Rucolasalat. Wichtig ist, dass man Erdbeeren nur vorsichtig wäscht und nicht zu stark abspült. Dabei verlieren sie nämlich ihren Geschmack.

Marillen

Marillen sind Aprikosen. Es handelt sich um dieselbe Frucht, die nur in unterschiedlichen Regionen anders bezeichnet wird. Da meine Großmutter aus Österreich kam, spreche ich aber nur von Marillen. Und die besten kommen für mich aus der Wachau in Österreich. Natürlich kann man Marillen für Desserts verwenden, beispielsweise den berühmten Palatschinken, für verschiedene Kuchenformen, aber auch in der warmen Küche: Zu Huhn passen sie perfekt. Oder auch einmal als Trockenfrüchte in einem Risotto. Man kann die Früchte trocknen, einfrieren und natürlich zur berühmten Marillenmarmelade einmachen. Erntezeit sind nur etwa drei Wochen im Juli. Deswegen sind sie für mich Sommer pur. Reife Marillen haben noch immer eine gewisse Festigkeit. Wenn man sie auseinanderschneidet, müssen sich die Kerne leicht entfernen lassen, ohne dass das Fruchtfleisch schon matschig ist. Dann wären sie eigentlich schon »drüber«, können aber meistens trotzdem noch für Marmeladen verwendet werden.

Minze

Minze ist eines der vielseitigsten Kräuter überhaupt. Man kann Tee aus ihr machen, indem man sie einfach mit heißem Wasser übergießt. Minzblätter peppen viele Cocktails, aber auch eine einfache Apfelschorle auf. Wie schon erwähnt, passt sie perfekt zu Erdbeeren. Minze schmeckt auch zu vielen warmen Gerichten. Hier im Buch haben wir Minze zum Beispiel im Couscous. Gerade in der arabischen und türkischen Küche ist Minze ein absolutes Muss und ein großer Genuss. Wenn man ein wirklich gutes Döner Kebab isst und plötzlich kommt da so ein frischer Minzgeschmack um die Ecke, das macht doch richtig Spaß. Minze kann man leicht selbst am Küchenfenster oder auf dem Balkon halten. Sie ist sehr unempfindlich und wächst schnell nach. In einem Beet verbreitet sie sich fast wie Unkraut und verzeiht praktisch jeden Gießfehler. Und die Blätter lassen sich auch leicht trocknen und so haltbar machen.

Paprika

Wenn wir hier von Paprika sprechen, meinen wir die großen, bauchigen Gemüsepaprika, keine Peperoncini oder Chili. Aus dem Saft der Paprika lässt sich eine grandiose Sauce machen. Paprika eignet sich auch für das kulinarische Sommervergnügen Nummer eins – Grillen – perfekt. Erst die Stücke auf den Rost legen, dann auf ein Tuch und die Haut abziehen, Essig darauf, würzen – einfach super. Paprika können Basis für Suppen oder auch kalte Mousse sein. Sie sind Klassiker in Gemüsekombinationen wie Ratatouille und eine Grundbasis in der mediterranen Küche.

Die Paprikaschoten (grün, rot oder gelb) müssen knackig und saftig sein, wenn man sie kauft. Der Geschmack bei den einzelnen Farben unterscheidet sich, gerade bei der höchsten Produktqualität, relativ deutlich. Grün ist eigentlich die unbeliebteste, weil sie eher etwas bitter und herb schmeckt. Das liegt einfach daran, dass grüne Paprika unreif sind. Die Farbe der reifen Paprika ist dann entweder rot oder gelb oder orange. Ein Zwischenstadium gibt es nicht. Daher schmecken die roten und gelben Paprika auch deutlich süßlicher. Paprika gehören zum Lagern übrigens nicht in den Kühlschrank, aber gerne in einen kühlen Raum.

Blatt- und Pflücksalat

Salate gibt es natürlich im Sommer unzählige. Ich nehme hier einmal zwei der beliebtesten, auch in meiner Küche, heraus. Den Frisée- und den Kopfsalat. Bei beiden gilt als Qualitätsmerkmal, dass die Blätter saftig sind, also nicht schlaff herunterhängen. Beim Kopfsalat muss man darauf achten, dass die Schnittstelle unten am Salatkopf hell ist, dann ist er frisch geschnitten. Für mich ist Kopfsalat einer der schönsten Salate, die es gibt. Er ist mild im Geschmack, man kann ihn für Salate, aber auch geschmort als Beilage verwenden. Die kleinen Kopfsalatherzen haben einen ganz eigenständigen, intensiven Geschmack. Der Friséesalat ist da schon ein bisschen schwieriger, weil er leicht bitter schmeckt und auf alle Fälle eine Marinade benötigt. Aber er ist ein toller Hingucker auf dem Teller. Seine Blätter erinnern mich immer ein wenig an Korallen. Übrigens ist der Friséesalat eigentlich ein Wintersalat, aber es gibt ihn natürlich das ganze Jahr und im Sommer auch aus Freiflächen. Salate sollte man immer im Gemüsefach des Kühlschranks aufbewahren und das nicht länger als höchstens vier Tage.

Blumenkohl

Blumenkohl ist ein sehr unterschätztes Gemüse. Wir haben aber eine Zubereitungsart gefunden, die auch »Blumenkohlgegner« überzeugt: Er kommt auf den Grill. Das gibt ihm einen ganz besonderen Geschmack, und mit der entsprechenden Sauce ist das ein ganzes Gericht für sich, das wir auch gerne veganen Gästen anbieten. Beim Kauf sollten die Blütenstände (das Innere des Blumenkohls) schneeweiß oder elfenbeinfarben sein. Diese Nichtfärbung entsteht, weil die Blüten beim Wachstum vollständig von den grünen Blättern außen bedeckt sind. So kann sich kein Chlorophyll entwickeln, das sie sonst grün oder lila färben würde. Diese beiden Farben wiederum sind in Italien und Frankreich sehr beliebt. Es handelt sich um Züchtungen, bei denen die äußeren Blätter die Blütenstände nicht einhüllen. Bräunlicher oder sehr gelblicher Blumenkohl ist verdorben. Wenn man Blumenkohl mit einem festen Tuch abdeckt, kann man ihn auch bis zu zwei Wochen aufheben.

Sashimi von der Gelbschwanzmakrele mit Baby-Pak-Choi und Kaiserschotenvinaigrette

FÜR 4 PERSONEN
Zubereitungszeit:
30 Min. + Temperierzeit
» leicht

Für die Kaiserschoten-vinaigrette

10 Kaiserschoten
6 EL helle Sojasauce, salzreduziert
6 EL Zitronen-Olivenöl
1 Prise Dashi-Pulver (im gut sortierten Asialaden erhältlich)
2 EL Yuzu-Dressing (siehe Seite 185)
2 EL Yuzu-Saft
140 ml Olivenöl extra vergine
Saft und Abrieb von 1 Bio-Limette
1 Tropfen Sesamöl
1 TL weiße Sesamsaat, geröstet
1 Msp. Wasabipaste

Für das Sashimi von der Gelbschwanzmakrele

250 g Filet von der Gelbschwanz-makrele
Olivenöl
Fleur de Sel

Zum Anrichten

6 Baby-Pak-Choi, halbiert
12 Sushi-Ingwerstreifen
8 rote Oxalis
Wasabipaste (optional)

Kaiserschotenvinaigrette

Die Kaiserschoten waschen und gut trocknen. 8 Kaiserschoten in sehr feine Würfel schneiden und beiseitestellen. Die restlichen Kaiserschoten in sehr feine Streifen schneiden und ebenfalls beiseitestellen. Die Sojasauce, das Zitronen-Olivenöl, das Dashi-Pulver, das Yuzu-Dressing und den Yuzu-Saft in einer Rührschüssel gut vermischen. Unter stetigem Rühren das Olivenöl einlaufen lassen. Die Vinaigrette mit dem Saft sowie dem Abrieb der Limette, dem Sesamöl, der Sesamsaat und dem Wasabi vermischen. Die Kaiserschotenwürfel und -streifen in die Vinaigrette rühren.

Sashimi von der Gelbschwanzmakrele

Das Fischfilet ca. 1 Stunde vor der Weiterverarbeitung aus dem Kühlschrank nehmen. Anschließend das Fischfilet leicht mit Olivenöl bepinseln und auf der Oberseite mit einem Küchenbunsenbrenner goldbraun abflämmen. Anschließend das Fischfilet nochmals leicht mit Olivenöl bepinseln und mit Fleur de Sel würzen. Vor dem Anrichten das Fischfilet in ca. 0,5 Zentimeter dicke Streifen schneiden.

Anrichten

Die Kaiserschotenvinaigrette auf die Teller träufeln. 3 Scheiben Sashimi und 3 Baby-Pak-Choi-Hälften kreisförmig darauf anrichten. Etwas Kaiserschotenvinaigrette auf die Pak-Choi-Hälften träufeln. Mit den Ingwerstreifen und der Oxalis garnieren. Optional kann ein Tupfer Wasabipaste auf die Teller gespritzt werden.

Gazpacho mit gebratener Wassermelone und gegrilltem Pulpo

FÜR 4 PERSONEN
Zubereitungszeit:
30 Min. + 6 Std. Sous-vide-Garen
» *anspruchsvoll*

Für den gegrillten Pulpo

1 Pulpo (ca. 800 g)
1 kleine Knoblauchzehe
1 Zweig Rosmarin
1 Zweig Thymian
1 Korken einer Weißweinflasche
1 Prise Fleur de Sel
1 Prise Piri Piri
1 frische Tomate, halbiert

Für die Gazpacho

2 Bio-Paprikaschoten
½ Bio-Salatgurke
1 Schalotte
1 EL Tomatenmark
50 ml Sushi-Essig
30 ml Champagneressig
½ TL Tabascosauce
½ TL edelsüßes Paprikapulver
1 Prise Salz
1 TL Tomatenketchup
300 ml Tomatenwasser
   (siehe Seite 184)
5 Eiswürfel

Für die gebratene Wassermelone

1 Scheibe Wassermelone
   (3 cm dick)
Fleur de Sel

Zum Anrichten

Blätter vom Thai-Basilikum,
   Basilikum, Piccolo-Basilikum
   und Staudensellerie

Gegrillter Pulpo

Den Pulpo waschen und zusammen mit den restlichen Zutaten in einen Vakuumbeutel füllen. Den Beutel vakuumieren und im 80 °C warmen Wasserbad 6 Stunden garen. Den Pulpo aus dem Beutel nehmen und die Tentakel abschneiden. Die Tentakel auf den auf 200 °C vorgeheizten Grillrost eines Holzkohlegrills legen und auf jeder Seite 3 Minuten grillen.

Gazpacho

Die Paprikaschoten halbieren, entkernen und grob schneiden. Die Gurke und die Schalotte schälen und grob schneiden. Alles in einen hohen Mixbecher füllen. Die restlichen Zutaten dazugeben und alles fein pürieren. Die Gazpacho durch ein feines Sieb passieren und bis zur Verwendung kalt stellen.

Gebratene Wassermelone

Die Wassermelone schälen. Das Fruchtfleisch entweder in Dreiecke schneiden oder rund ausstechen. Einen Holzkohlegrill auf 200 °C vorheizen und die Melonenstücke auf jeder Seite für 1 Minute auf den heißen Grillrost legen. Die gebratene Wassermelone mit Fleur de Sel würzen.

Anrichten

Die Gazpacho als Spiegel auf die vorbereiteten Teller gießen. Jeweils 1 Wassermelonenstück in der Mitte platzieren und darauf den gegrillten Pulpo anrichten. Die verschiedenen Kräuterblättchen um die Melone legen.

Carpaccio vom Magalitzaschwein mit Brunnenkresse und Goma-Dressing

FÜR 4 PERSONEN
Zubereitungszeit:
30 Min. + 6 Std. Sous-vide-Garen +
Abkühlzeit
» anspruchsvoll

Für das Carpaccio vom Magalitzaschwein

250 g Rücken vom Magalitza-
    schwein ohne Knochen
Salz
1 Prise Piri Piri
1 Prise Dashi-Pulver (erhältlich im
    gut sortierten Asialaden)
1 TL Rauchöl
1 TL Albaöl (alternativ neutrales
    Pflanzenöl)

Zum Anrichten

6 EL Goma-Dressing
    (siehe Seite 185)
4 TL geröstete weiße Sesamsaat
Friséesalat
Brunnenkresse
Balsamico-Vinaigrette (siehe
    Seite 184)
Sommertrüffel

Carpaccio vom Magalitzaschwein

Das Fleisch mit den restlichen Zutaten in einen Vakuumierbeutel füllen und vakuumieren. Anschließend für 6 Stunden im 58 °C warmen Wasserbad garen. Das Fleisch aus dem Beutel nehmen und zügig kühlen. Das gut durchgekühlte Fleisch mithilfe einer Aufschnittmaschine sehr fein aufschneiden.

Anrichten

Auf jeden Teller 5 Scheiben Carpaccio legen. Je 1 ½ Esslöffel Goma-Dressing darüberträufeln und je 1 Teelöffel Sesamsaat darüberstreuen. Den Friséesalat und die Brunnenkresse auf dem Carpaccio verteilen und mit etwas Balsamico-Vinaigrette beträufeln. Abschließend einige Scheiben Sommertrüffel darüberhobeln.

 Bei der Verarbeitung von Fleisch oder Fisch ist grundsätzlich (außer beim Sous-vide-Verfahren) zu beachten, dass diese Produkte rechtzeitig – also 1–2 Stunden vor der Weiterverarbeitung – aus dem Kühlschrank genommen werden sollten (Temperierphase), damit das Fleisch bzw. der Fisch Raumtemperatur annehmen kann.

Mein Tomatensalat

FÜR 4 PERSONEN
Zubereitungszeit:
30 Min. + Temperierzeit
» *mittel*

Für die Tomatenespuma

500 ml Tomatenwasser
   (siehe Seite 184)
1 EL Champagneressig
2 EL Sushi-Essig
2 Prisen Salz
3 Spritzer Tabascosauce
4 Blatt Gelatine

Marinade

1 Schalotte
4 EL Olivenöl
Salz
frisch gemahlener schwarzer Pfeffer

Zum Anrichten

4 EL French Dressing
   (siehe Seite 185)
4 EL Tomatenvinaigrette
   (siehe Seite 185)
verschiedene vollreife Tomatensorten der Saison (z.B. Coeur de
   Boeuf, Victory, Green Zebra)
4 EL Basilikumpesto
   (siehe Seite 184)
Blätter vom Minibasilikum
Kartoffelbrot (siehe Seite 184)

Tomatenespuma

Das Tomatenwasser mit dem Champagner- und dem Sushi-Essig, dem Salz und dem Tabasco gut verrühren. Die Gelatine 5 Minuten in kaltem Wasser einweichen. 3 Esslöffel vom Tomatenfond in einer kleinen Schale über einem Wasserbad erwärmen und die ausgedrückte Gelatine darin auflösen. Die Gelatine unter den restlichen Fond rühren und diesen dann durch ein feines Sieb passieren. Den Fond in eine iSi-Flasche füllen und diese mit 2 Gaspatronen befüllen. Die Flasche vor der Verwendung mindestens 8 Stunden kühlen.

Marinade

Die Schalotte abziehen und in sehr feine Würfel schneiden. Mit Öl, Salz und Pfeffer gut verrühren und abschmecken.

Anrichten

Je 1 Esslöffel French Dressing und Tomatenvinaigrette locker vermischt auf die vorbereiteten Teller träufeln. Darauf die verschiedenen Tomatensorten in unterschiedlichen Formen z.B. als Scheiben oder Viertel platzieren. Die Marinade mit einem Teelöffel auf die Tomaten träufeln. Darüber locker das Basilikumpesto verteilen. Etwas Tomatenespuma in eine separate Schale spritzen und mit einem Löffel locker über den Teller ziehen. Abschließend das Gericht mit den Basilikumblättern garnieren. Das Kartoffelbrot als Beilage dazu servieren.

Cashmir-Gojibeeren-Couscous

FÜR 4 PERSONEN
Zubereitungszeit: 45 Min.

» mittel

Für das Cashmir-Gojibeeren-Couscous

60 g Gojibeeren
150 ml Orangensaft
100 ml Ananassaft
1 EL Ingwersirup
2 EL Sushi-Essig
1 TL Madras-Curry
1 Prise Cayennepfeffer
1 Prise Sumach
1 Prise edelsüßes Paprikapulver
1 weiße Zwiebel
1 EL neutrales Pflanzenöl
250 g Couscous
1 Prise Salz
Abrieb von ½ Bio-Zitrone
2 Stängel Koriander
1 Stängel Minze

Zum Anrichten

Korianderblätter

Cashmir-Gojibeeren-Couscous

Die Gojibeeren für 15 Minuten in einer Schale einweichen, sodass sie vollständig mit Wasser bedeckt sind. Die Flüssigkeit abgießen, die Beeren durch ein feines Sieb passieren und beiseitestellen. Den Orangen- und den Ananassaft mit dem Ingwersirup, dem Essig und dem Currypulver vermischen. Die passierten Gojibeeren, den Cayennepfeffer, den Sumach und das Paprikapulver unterrühren. Die Marinade beiseitestellen. Die Zwiebel abziehen, halbieren und in feine Streifen schneiden. Das Öl in einer Pfanne erhitzen und die Zwiebelstreifen darin goldbraun anschwitzen. Anschließend mit der Marinade ablöschen und einmal aufkochen.

Den Couscous in eine Schüssel füllen, mit der heißen Marinade übergießen und abgedeckt 15 Minuten quellen lassen. Abschließend den Couscous mit dem Salz und dem Zitronenabrieb würzen. Die Koriander- und Minzeblätter abzupfen, grob hacken und unter den Couscous mischen.

Anrichten

Den Couscous in vorbereiteten Schalen anrichten und mit Korianderblättern garnieren.

 Gojibeeren sind die Früchte des Gemeinen Bocksdorns, einer ursprünglich nicht in Europa beheimateten Pflanze. In China werden Gojibeeren in der traditionellen Medizin verwendet. Hierzulande zählen sie neben anderen wie Chiasamen oder Acaibeeren zu den sogenannten Superfoods, denen allerlei positive Effekte nachgesagt werden.

Thunfischsteak mit Balsamico-Zwiebeln und Nori-Eis

FÜR 4 PERSONEN
Zubereitungszeit: 45 Min. +
12 Std. Einweichzeit + Temperierzeit

» anspruchsvoll

Für das Nori-Eis

250 g Tamarinden
½ Blatt Gelatine
3 große Nori-Blätter
1 TL Fischsauce
2 Tropfen Sesamöl
100 ml Ginger Beer (z.B. von Thomas Henry)
½ EL Dashi-Pulver
1 ½ EL Mangopüree
70 ml Yuzu-Dressing (s. S. 185)
2 Tropfen helle, salzreduzierte Sojasauce
2 TL Tintenfischtinte
70 ml Ingwersirup

Für die Balsamico-Zwiebeln

4 junge rote Zwiebeln
3 EL Olivenöl, Salz
frisch gemahlener schwarzer Pfeffer
20 junge, kleine Frühlingszwiebeln
50 ml Balsamico-Essig
30 ml Rote-Bete-Saft, 1 TL Honig
1 TL helle, salzreduzierte Sojasauce
30 g eiskalte Butter, in Würfeln

Für die Thunfischsteaks

4 Bluefin-Thunfischsteaks (à 200 g)
Salz, 1 EL neutrales Pflanzenöl

Zum Anrichten

2 TL sehr feine Schnittlauchröllchen
2 TL schwarze Sesamsaat
Purple-Sakura-Kresse

Nori-Eis

Die Tamarinden in ca. 750 Milliliter Wasser einweichen und über Nacht (mindestens 12 Stunden) quellen lassen. Anschließend die Tamarinden etwas ausdrücken, alles durch ein Sieb gießen und die Flüssigkeit auffangen. Es werden 500 Milliliter Tamarindenwasser benötigt.

Die Gelatine 5 Minuten in kaltem Wasser einweichen. Etwas Tamarindenwasser in einer kleinen Schale über einem Wasserbad erwärmen und die ausgedrückte Gelatine darin auflösen. Die Nori-Blätter in einem Standmixer sehr fein pulverisieren. Alle Zutaten zum Nori-Pulver in den Standmixer geben und sehr gut durchmixen. Die Eismasse in einen Pacojet-Becher (siehe Seite 183) füllen und einfrieren. Unmittelbar vor dem Servieren die benötigte Menge mit dem Pacojet vorbereiten.

Alternativ kann die Eisgrundmasse auch in einen gefrierschranktauglichen Behälter gefüllt und eingefroren werden. Dabei muss in den ersten Stunden mehrmals kräftig umgerührt werden.

Balsamico-Zwiebeln

Die Zwiebeln abziehen und in ca. 1 Zentimeter dicke Ringe schneiden (man benötigt ca. 12 Scheiben). Das Öl in einer ofenfesten Pfanne bei mittlerer Temperatur erhitzen und die Zwiebelringe darin goldbraun anbraten. Die Zwiebeln mit Salz sowie Pfeffer würzen und anschließend für 10 Minuten in den auf 185 °C vorgeheizten Backofen (Umluft) schieben. Die Pfanne aus dem Backofen nehmen und die geputzten Frühlingszwiebeln zu den Zwiebelringen geben. Die Zwiebeln mit dem Balsamico und dem Rote-Bete-Saft ablöschen und mit dem Honig und der Sojasauce würzen. Abschließend die Butterwürfel in die Sauce montieren.

Thunfischsteaks

Die Thunfischsteaks mindestens 1 Stunde vor der Verarbeitung aus dem Kühlschrank nehmen und temperieren. Die Steaks dann leicht salzen. Das Öl in einer Edelstahlpfanne sehr stark erhitzen und die Steaks anschließend von jeder Seite ca. 30 Sekunden braten.

Vor dem Servieren die Steaks halbieren.

Anrichten

Die Steaks aufgeklappt mittig auf den Tellern platzieren. Die Balsamico-Zwiebeln gleichmäßig darum verteilen. Mit den Schnittlauchröllchen und der Sesamsaat bestreuen und mit der Kresse garnieren. Abschließend eine kleine Nocke Nori-Eis auf den Steaks anrichten.

Dorade vom Grill auf Orangen-Estragon-Risotto

FÜR 4 PERSONEN
Zubereitungszeit: 2 Std.
» *anspruchsvoll*

Für die Selleriechips

½ Knolle Sellerie

Für den Orangen-Estragon-Risotto

1 l Geflügelbrühe
   (siehe Seite 184)
1 l Orangensaft
10 g frische Estragonblätter
Abrieb von 1 Bio-Orange
1 Zweig Rosmarin
4 EL Ingwersirup
5 Safranfäden (alternativ
   1 Msp. Kurkuma)
4 EL Olivenöl
1 kleine Schalotte
200 g Risottoreis
   (z.B. Nano Vialone)
50 ml Prosecco
10 ml Noilly Prat
10 ml Pernod
Salz
50 g eiskalte Butter, gewürfelt
30 g frisch geriebener Parmesan
1 EL fein gehackte Estragonblätter

Für die Doraden

4 Doraden (à ca. 500 g)
Olivenöl
Fleur de Sel
Maldon Sea Salt Flakes oder
   Murray River Salt Flakes
frisch gepresster Zitronensaft
8 Zweige Thymian
4 Knoblauchzehen

Selleriechips

Die Sellerieknolle schälen und einen Quader herausschneiden. Den Selleriequader mithilfe einer Aufschnittmaschine in feine Scheiben schneiden. Die Selleriescheiben auf einem Ofengitter nebeneinander auslegen und für 2 Stunden in den auf 80 °C vorgeheizten Backofen (Umluft) schieben.

Orangen-Estragon-Risotto

Die Brühe und den Orangensaft in einem Topf vermischen. Den Estragon, den Orangenabrieb, den Rosmarin, den Ingwersirup und den Safran unterrühren und alles zusammen aufkochen. Den Sud anschließend durch ein feines Sieb passieren, wieder in einen Topf füllen und auf kleiner Flamme auf den Herd stellen, sodass der Sud heiß bleibt, aber nicht mehr kocht.

Das Olivenöl in einem ausreichend großen Topf bei mittlerer Temperatur erhitzen. Die Schalotte abziehen, in feine Würfel schneiden und diese im Olivenöl anschwitzen. Den Reis zufügen und ebenfalls gut anschwitzen. Mit dem Prosecco, dem Noilly Prat und dem Pernod ablöschen. Den Risotto leicht salzen. Unter ständigem Rühren portionsweise den heißen Sud zum Risotto gießen. Nach ca. 20 Minuten sollte der Risotto fertig gegart sein und eine sämige Konsistenz haben. Dann die Butterwürfel einmontieren und den Parmesan unterrühren. Unmittelbar vor dem Servieren die Estragonblätter unterheben.

Doraden

Die Doraden säubern und die Schuppen entfernen. Die Seitenflächen mit einem sehr scharfen Messer je 2-mal ca. 0,5 Zentimeter tief einschneiden. Die Außenseiten leicht mit Olivenöl einpinseln und mit dem Fleur de Sel und dem Maldon-Salz bzw. dem Murray-River-Salz würzen. Die Doraden innen mit Olivenöl ausstreichen und etwas Zitronensaft hineinträufeln. Je 2 Thymianzweige und 1 leicht gequetschte Knoblauchzehe hineinstecken.

Die Doraden auf den auf 200 °C vorgeheizten Grillrost legen und den Grill abdecken. Nach 6 Minuten die Dorade wenden und nochmals zugedeckt 6 Minuten grillen. Die fertigen Doraden vom Grillrost heben, die Haut abziehen und filetieren.

 Für das Grillen mit einem Holzkohlegrill benötigt man etwas Zeit, da der Grill 1–2 Stunden vor der Verwendung angeheizt werden muss. Die Holzkohle muss gut rot-glühend sein, wenn das Grillgut auf den Rost gelegt wird. Dann kann eine optimale Temperatur von 200–250 °C erreicht werden. Am besten geeignet sind Grillvarianten, die abgedeckt werden können wie z.B. ein Kugelgrill, da im Inneren eine optimale Temperaturverteilung erfolgt.

Zum Anrichten

12 Orangenfilets
etwas Friséesalat
French Dressing (siehe Seite 185)
Kartoffelbrot (siehe Seite 184)

Anrichten

Den Risotto auf die Teller verteilen und etwas verlaufen lassen. Die Doradenfilets etwas zerzupfen und auf dem Risotto verteilen. 2 Selleriechips darüberlegen und mit den Orangenfilets und in das French Dressing getauchten Friséeblättern garnieren. Das Kartoffelbrot als Beilage dazu servieren.

Iberico-Schwein vom Grill auf sautiertem Steinpilzgemüse

FÜR 4 PERSONEN
Zubereitungszeit:
30 Min. + Temperierzeit
» mittel

Für das Iberico-Schwein

**8 Scheiben Nacken vom Iberico-
Schwein, ohne Knochen
(à ca. 100 g)
4 EL Olivenöl
1 Knoblauchzehe
1 Zweig Salbei
1 Zweig Oregano
1 Zweig Rosmarin
4 Sardellenfilets
1 EL Kapern
5 Stängel glatte Petersilie
½ TL grober Dijon-Senf
Abrieb von ½ Bio-Zitrone
4 EL Tomatenvinaigrette
(siehe Seite 185)
grobes Meersalz**

Für die sautierten Steinpilze

**400 g Steinpilze
20 ml Olivenöl
1 Handvoll Wachsbohnen,
blanchiert
10 Ofentomatenfilets (siehe
Seite 40, Irisches Entrecote vom
Grill mit Ofentomaten, Fregola
Sarda und Bärlauchpesto)
1 Knoblauchzehe
1 Zweig Thymian
Salz
frisch gemahlener schwarzer Pfeffer
Abrieb von 1 Bio-Zitrone
2 Stängel Petersilie**

Zum Anrichten

einige Blätter Rucola

Iberico-Schwein

Das Fleisch ca. 1 Stunde vor der Verarbeitung aus dem Kühlschrank nehmen und temperieren lassen. Die Fleischscheiben auf beiden Seiten leicht mit Olivenöl einpinseln und zwischen 2 Blättern Frischhaltefolie leicht klopfen.

Das restliche Olivenöl (3 Esslöffel) in einem kleinen Topf mit der leicht gequetschten Knoblauchzehe und den Kräutern langsam auf ca. 80 °C erhitzen und etwas durchziehen lassen. Das aromatisierte Öl durch ein feines Sieb passieren und in eine Rührschüssel füllen. Die Sardellenfilets, die Kapern und die abgezupften Petersilienblätter fein hacken und mit dem Senf, dem Zitronenabrieb sowie der Tomatenvinaigrette zum Öl geben. Alles gut miteinander vermischen und warm stellen.

Das Fleisch auf beiden Seiten leicht salzen und auf jeder Seite für 1 Minute auf den auf 250 °C vorgeheizten Holzkohlegrill legen.

Sautierte Steinpilze

Die Steinpilze trocken säubern und in Scheiben schneiden. Das Olivenöl in einer großen Pfanne bei mittlerer Temperatur erhitzen und die Steinpilze darin goldbraun anbraten. Die Wachsbohnen und die Tomatenfilets zufügen und alles gut durchschwenken. Die Steinpilze mit der leicht gequetschten Knoblauchzehe, den abgezupften Thymianblättern, Salz, Pfeffer, dem Zitronenabrieb sowie den gehackten Petersilienblättern würzen und nochmals gut durchschwenken.

Anrichten

Die sautierten Steinpilze auf den vorbereiteten Tellern anrichten und je 2 Scheiben Iberico-Schweinenacken darauflegen. Das lauwarme aromatisierte Öl darüberträufeln.

GROSSMARKTHALLE

DIE WELT DER GROSSMARKTHALLE Drei Mal die Woche bin ich so gegen 8:00 Uhr morgens in der Münchner Großmarkthalle. Für mich und meine Küche ist die Großmarkthalle ideal. Hier kann ich Obst und Gemüse anschauen, anfassen, daran riechen oder auch einmal probieren. Vor Ort sehe, spüre und schmecke ich, was ich kaufe. Ich bekomme oft Anregungen für neue Gerichte, weil mir die Händler ein neues Produkt zeigen. Vor allem aber sehe ich natürlich auch genau, wann die Saison für ein Produkt anfängt und wann sie wieder aufhört. Das ist auch der große Vorteil meiner Karte, die kein festes Menü über mehrere Wochen enthält. Ich muss beispielsweise Steinpilze nicht nehmen, wenn sie mal an einem Tag nicht so schön sind oder die Saison früher zu Ende geht. Dann koche ich eben etwas anderes.

Ich liebe die ganz besondere Atmosphäre in der Halle und die Menschen, die so einen ganz anderen Tagesrhythmus haben. Die meisten fangen ja um 2:00 Uhr morgens an zu arbeiten. Da gehe ich oft erst nach Hause. Dafür gibt es dann um 9:00 Uhr manchmal einen gemeinsamen Kaffee. Das verbindet.

Die Münchner Großmarkthalle ist die größte Großmarkthalle Deutschlands. Hier gibt es neben regionalen Produkten auch die besten Produkte aus Südeuropa, die von hier aus erst in Deutschland verteilt werden. Manchmal bekomme ich von meinen langjährigen Lieferanten auch ganz besondere Produkte angeboten, von denen sie nur kleine Mengen haben. Das kann eine weiße Erdbeere sein, eine sogenannte Ananaserdbeere, oder eine Babyzucchini. Damit setze ich gerne kleine Akzente auf dem Teller. Das Auge isst schließlich immer mit.

Hanging Tender mit geschmorten Datteltomaten und Artischockenchips

FÜR 4 PERSONEN
Zubereitungszeit:
2 Std. + Temperierzeit
» anspruchsvoll

Für die geschmorten Datteltomaten

40 Datteltomaten
2 EL Olivenöl
frisch gemahlener Szechuan-Pfeffer
1 Prise Sumach
1 Prise Piri Piri
1 Prise Puderzucker
1 Knoblauchzehe
2 Zweige Rosmarin
1 Zweig Thymian

Für das Hanging Tender

8 Medaillons vom Hanging Tender
   (Nierenzapfen oder Kronfleisch;
   à 100 g)
Olivenöl
Fleur de Sel

Für die Artischockenchips

1 große französische Artischocke
neutrales Pflanzenöl
Salz

Zum Anrichten

4 EL Basilikumpesto
   (siehe Seite 184)
einige Blätter Radicchio trevisano
2 EL Balsamico-Vinaigrette
   (siehe Seite 184)

Geschmorte Datteltomaten

Die Datteltomaten waschen, halbieren und in eine Schüssel füllen. Das Olivenöl, die Gewürze, die leicht angedrückte Knoblauchzehe und die Kräuter dazugeben und alles gut durchmischen. Alles zusammen auf ein Backblech geben und dieses für 2 Stunden in den auf 85 °C vorgeheizten Backofen (Umluft) schieben.

Hanging Tender

Das Fleisch ca. 2 Stunden vor der Verarbeitung aus dem Kühlschrank nehmen und temperieren lassen. Die Fleischscheiben in Olivenöl tunken und abtropfen lassen. Auf beiden Seiten mit Fleur de Sel würzen. Die Medaillons auf beiden Seiten 3 Minuten auf den auf 200–250 °C vorgeheizten Holzkohlegrill legen. (Das Fleisch ist dann medium. Sollten Sie eine andere Garstufe bevorzugen, dann die Grillzeit entsprechend verlängern bzw. verkürzen.)

Artischockenchips

Die Artischocke putzen und längs halbieren. Reichlich Pflanzenöl in einem Topf auf 180 °C erhitzen. Die Artischocke mithilfe eines Trüffelhobels fein hobeln und die Späne in das heiße Öl geben (Vorsicht: Das heiße Öl kann spritzen!). Die goldgelben Artischockenchips mit einem Schaumlöffel aus dem Fett heben, auf Küchenpapier abtropfen lassen und leicht salzen.

Anrichten

Je 1 Esslöffel Basilikumpesto auf den vorbereiteten Tellern ausstreichen. Die geschmorten Datteltomaten locker darauf verteilen. Die Steaks anrichten und die Artischockenchips daraufstreuen. Die Radicchioblätter in die Vinaigrette tauchen und die Teller damit garnieren.

Blumenkohl im Ganzen gebraten mit Goma-Dressing

FÜR 4 PERSONEN
Zubereitungszeit: 2 Std.

» leicht

Für den Blumenkohl

4 sehr kleine Blumenkohlköpfe
Olivenöl
Fleur de Sel
2 EL Butter
Salz

Zum Anrichten

16 EL Goma-Dressing
  (siehe Seite 185)
4 TL geröstete weiße Sesamsaat
frittierte Brennnesselblätter
Affilakresse

Blumenkohl

Den Blumenkohl putzen und den Stiel so abschneiden, dass die Unterseite eine gerade Auflagenfläche bildet. Den Blumenkohl mit Olivenöl einpinseln und leicht mit Fleur de Sel würzen. 4 Tarteformen halbhoch mit Wasser füllen und jeweils ½ Esslöffel Butter und etwas Salz zufügen. Die Blumenkohlköpfe mit der glatten Auflagefläche nach unten in die Formen legen. Die Tarteformen für 1,5–2 Stunden auf den auf 200 °C vorgeheizten Grillrost stellen und den Grill abdecken.
   Anschließend die Blumenkohlköpfe halbieren.

Anrichten

Die halbierten Blumenkohlköpfe aufgeklappt auf die vorbereiteten Teller legen. Das Goma-Dressing locker darüber verteilen und die Sesamsaat darüberstreuen. Die Teller mit den Brennnesselblättern und der Kresse garnieren.

 **Das hier verwendete Goma-Dressing eignet sich auch hervorragend für Schwertfisch-, Thunfisch-, Geflügel- oder Wildgerichte. Außerdem kann es natürlich für allerlei Salate mit orientalischer Note, z. B. Glasnudelsalat mit Shiitake-Pilzen oder Chinakohl, verwendet werden.**

Cantaloupe-Melonensüppchen mit Sauerrahmeis

FÜR 4 PERSONEN

Zubereitungszeit:

45 Min. + 12 Std. Durchziehen

» mittel

Für das Sauerrahmeis

500 g Sauerrahm
150 g Puderzucker
Abrieb und Saft von 1 Bio-Zitrone
Abrieb und Saft von 1 Bio-Limette
50 ml Yuzu-Saft
1 Blatt Gelatine
1 TL Glukose
50 ml Ingwersirup
1 Zweig Zitronenthymian
1 Zweig Estragon

Für das Melonensüppchen

2 Cantaloupe-Melonen
30 g Kristallzucker
1 EL Honig
50 ml frisch gepresster Orangensaft
2 EL Marillenlikör
1 Vanilleschote
80 ml Champagner oder Prosecco
1 TL Orangia-Sun-Pulver (Gewürz-
     zubereitung, z.B. von Wiberg)
1 Scheibe frischer Ingwer, geschält

Zum Anrichten

einige saisonale Beeren
einige Blätter Minze

Sauerrahmeis

Den Sauerrahm, den Puderzucker, je 40 Milliliter Zitronen- und Limettensaft, den Zitrusabrieb und den Yuzu-Saft gut miteinander verrühren. Die Gelatine 5 Minuten in kaltem Wasser einweichen. Die Glukose in einer Rührschüssel in 30 Milliliter Wasser auflösen und über einem Wasserbad erwärmen. Die Gelatine ausdrücken, im Glukosewasser auflösen. Den Sauerrahm portionsweise in die Gelatine rühren. Den Ingwersirup und die Kräuter untermischen und alles zusammen abgedeckt über Nacht durchziehen lassen. Anschließend die Eisgrundmasse durch ein feines Sieb passieren und in der Eismaschine gefrieren lassen.

Melonensüppchen

Die Melonen halbieren und die Kerne aus den Melonenhälften in ein Sieb löffeln. Die Kerne einige Zeit abtropfen lassen und dabei den abtropfenden Saft auffangen. Aus einer Melone ca. 300 Gramm Fruchtfleisch löffeln und in einen Standmixer geben. Den Zucker, den Honig, den Orangensaft, den Likör und den abgetropften Melonensaft zugeben und alles zusammen fein pürieren. Die Vanilleschote mit einem spitzen Messer aufschlitzen und mit dem Messerrücken das Mark auskratzen. Beides zusammen mit dem Champagner oder Prosecco, dem Orangia-Sun-Pulver und dem Ingwer in das Melonensüppchen geben. Mit einem Kugelausstecher aus der restlichen Melone formschöne Kugeln (ca. 300 Gramm) herauslösen und in die Suppe geben. Das Ganze mindestens 30 Minuten in den Kühlschrank stellen. Die Vanilleschote und den Ingwer vor dem Servieren entfernen. Das Süppchen in Suppentellern, Schälchen oder auch in den ausgekratzten Melonenschalen (4 Hälften) servieren.

Anrichten

Das Melonensüppchen in einen tiefen Teller oder in eine ausgehöhlte Melonenhälfte eingießen, eine Nocke Sauerrahmeis in der Mitte des Tellers platzieren und gegebenenfalls mit Beeren und einem Minzblatt ausgarnieren.

Limetten-Thai-Basilikum-Tarteletts mit Zitronengraseis

FÜR 4 PERSONEN
Zubereitungszeit:
50 Min. + Temperierzeit
» anspruchsvoll

Für das Zitronengraseis

350 ml Kokosmilch
100 ml frisch gepresster
  Limettensaft
80 g Kristallzucker
30 g Ingwersirup
1 TL Glukose
150 g Zitronengras
Abrieb von 1 Bio-Limette

Für die Thai-Basilikum-Creme

1 Eigelb
20 g Kristallzucker
2 ½ Blatt Gelatine
150 g Quark (Fettgehalt 20 %)
160 g flüssige Sahne
15 Blätter Thai-Basilikum

Für die Limetten-Tarteletts

100 g Butter
160 g Kristallzucker
2 Eigelbe
1 Prise Salz
250 g Mehl Type 405
25 ml Vollmilch
1 Msp. Backpulver
1 Packung Trockenerbsen
250 g Doppelrahmfrischkäse
Abrieb von 1 Bio-Limette
75 g sehr weiche Butter
30 g flüssige Sahne

Zitronengraseis

Die Kokosmilch, den Limettensaft, den Zucker, den Sirup und die Glukose in einen Topf füllen und gut vermischen. Die Kokosmilch langsam erwärmen, bis sich die Glukose aufgelöst hat. Das Zitronengras mit einem Fleischklopfer zerquetschen und zusammen mit dem Limettenabrieb in eine Schüssel geben. Die Kokosmilch darübergießen, die Schüssel abdecken und alles über Nacht durchziehen lassen. Die Eisgrundmasse durch ein Passiertuch passieren und in einer Eismaschine gefrieren lassen.

Thai-Basilikum-Creme

Das Eigelb und den Zucker in einer Rührschüssel mit einem Schneebesen dick cremig aufschlagen. Die Gelatine für 5 Minuten in kaltem Wasser einweichen, ausdrücken und in einer Rührschüssel über einem Wasserbad auflösen. Den Quark portionsweise in die Gelatine rühren. Anschließend den Quark zum Eigelbschaum geben und alles gut vermischen. Die Sahne cremig aufschlagen und zusammen mit den sehr fein gehackten Thai-Basilikum-Blättern zügig unter die Quarkmasse heben. Die Thai-Basilikum-Creme in vorbereitete Halbkugelformen (entweder aus Silikon oder aus Metall, 5–6 Zentimeter Durchmesser) füllen und einfrieren.

Limetten-Tarteletts

Die Butter und 100 Gramm Zucker in einer Küchenmaschine gut miteinander verrühren. 1 Eigelb und das Salz untermischen. Ein Drittel des gesiebten Mehls und die Milch nach und nach unterkneten. Das restliche Mehl mit dem Backpulver vermischen und zügig unterkneten. Aus dem Teig eine Rolle formen, mit Frischhaltefolie umwickeln und für ca. 30 Minuten kühl stellen. Den Teig 3–5 Millimeter dick ausrollen und Tartelettformen (Durchmesser 7–8 Zentimeter) damit auskleiden. Die getrockneten Erbsen auf den Tartelettböden verteilen. Die Tarteletts je nach Dicke der Teigschicht für 15–25 Minuten im auf 150–160 °C vorgeheizten Backofen (Umluft) blindbacken, bis sie goldgelb sind. Die Tarteletts aus dem Ofen nehmen, die Erbsen entfernen und die Tarteletts etwas abkühlen lassen.

Den Frischkäse, den restlichen Zucker (60 Gramm) und Limettenabrieb mit einem Handrührgerät gut verrühren. Die Butter zügig untermischen. Die Sahne und das restliche Eigelb hinzufügen und alles sehr gut glatt rühren. Die Frischkäsemasse auf die vorgebackenen Tarteletts füllen. Die Limettentarteletts 10–15 Minuten im auf 160 °C vorgeheizten Backofen (Umluft) fertig backen. (Garprobe: Die Füllung darf beim Rütteln an der Form nicht mehr überschwappen.) Die fertigen Tarteletts aus dem Ofen nehmen und bei Raumtemperatur auskühlen lassen. Vor der Fertigstellung aus den Formen lösen.

Für die Limettenglasur

50 ml frisch gepresster Limettensaft
20 g Kristallzucker
1 g Agar-Agar

Für die Streusel

60 g Butter
40 g Kristallzucker
1 Msp. Backpulver
80 g Mehl Type 405
60 g Mandeln, gemahlen

Zum Anrichten

frittiertes oder frisches Thai-
   Basilikum

Limettenglasur

Alle Zutaten mit 50 Milliliter Wasser aufkochen. Für 2 Stunden kalt stellen. Anschließend das feste Gelee mixen, bis es eine saucenähnliche Konsistenz erhält.

Streusel

Alle Zutaten kurz durchkneten. In beliebiger Größe formen und auf einem mit Backpapier ausgelegten Backblech im auf 160 °C vorgeheizten Backofen (Umluft) 10-15 Minuten goldgelb backen.

Anrichten

Die Tarteletts dünn mit der Glasur bestreichen. Die Thai-Basilikum-Creme aus den Formen nehmen, mit Glasur bestreichen und die noch gefrorenen Kuppeln mittig oder am Rand auf die Tarteletts setzen. Die Tarteletts so ca. 1 Stunde bei Raumtemperatur stehen lassen. Unmittelbar vor dem Servieren die Tarteletts mit den Streuseln und nach Belieben mit dem frischen bzw. dem frittierten Thai-Basilikum dekorieren. Eine Nocke Zitronengraseis daneben anrichten.

Mandelflan mit flambierten Sommerfrüchten

Für den Mandelflan

20 g Mehl Type 405
125 ml Vollmilch
Mark von 1 Vanilleschote
100 g Kristallzucker
70 g gemahlene Mandeln
35 g Butter
4 Eier
3 cl Amaretto

Für die flambierten Sommerfrüchte

90 g Kristallzucker
250 ml schwarzer Johannisbeersaft
150 ml trockener Rotwein
125 ml frisch gepresster Orangensaft
Saft von 2 Zitronen
Abrieb von 1 Bio-Orange und
   1 Bio-Zitrone
500 g Sommerbeeren (z.B. Brombeeren, Stachelbeeren, Johannis-
   beeren, Erdbeeren, Himbeeren)
1 TL gemahlener Zimt
2 cl Rum

Zum Anrichten

geröstete gehackte Mandeln

Mandelflan

Das Mehl mit 4 Esslöffel Milch glatt rühren. Das Vanillemark, 25 Gramm Zucker und die restliche Milch zum Kochen bringen. Das glatt gerührte Mehl klumpenfrei in die kochende Milch rühren und 1–2 Minuten unter ständigem Rühren kochen lassen. Die Creme durch ein feines Sieb passieren und anschließend kühl stellen.

Die Mandeln in 10 Gramm Butter goldbraun rösten. Die Eier trennen. Die Eigelbe, den Amaretto und die gerösteten Mandeln unter die Vanillecreme rühren. Die Eiweiße mit 25 Gramm Zucker steif schlagen und unter die Creme heben.

6 Förmchen mit der restlichen Butter (25 Gramm) ausfetten und mit dem restlichen Zucker (50 Gramm) ausstreuen. Die Mandelcreme einfüllen und die Förmchen auf ein tiefes Backblech stellen. Das Backblech halb hoch mit heißem Wasser füllen und die Creme ca. 35 Minuten im auf 200 °C vorgeheizten Backofen (Umluft) pochieren. Dann die Formen aus dem Wasserbad nehmen und abkühlen lassen. Vor dem Servieren die Flans aus den Formen lösen.

Flambierte Sommerfrüchte

Den Zucker in einer Pfanne karamellisieren. Mit dem Johannisbeersaft sowie dem Rotwein ablöschen. Den Orangen- und Zitronensaft und den Orangen- und Zitronenabrieb unterrühren. Die Sauce dickflüssig einkochen. Die Beeren waschen, putzen und zusammen mit dem Zimt untermischen. Dann den Rum darübergießen und sofort flambieren.

Anrichten

Den Flan auf den vorbereiteten Tellern anrichten und die flambierten Früchte und die gerösteten gehackten Mandeln locker darum verteilen.

Wachauer Marillenknödel mit Marillenragout

FÜR 4 PERSONEN
Zubereitungszeit: 1 Std.

» anspruchsvoll

Für das Marillenragout

60 g Kristallzucker
200 ml Champagner oder Prosecco
400 ml Moscato d'Asti
3 cl trockener Weißwein
2 kleine, vollreife Marillen
Mark von 1 Vanilleschote
2 cl Aprikosenlikör

Für die Marillenknödel

600 g mehligkochende Kartoffeln
Salz
50 g Mehl Type 405
25 g Stärkemehl
3 Eigelbe
frisch geriebene Muskatnuss
1 ½ Eiweiß
8 kleine, vollreife Marillen
8 Stück Würfelzucker
Kristallzucker
Saft und Abrieb von ½ Bio-Orange
50 g Butter
40 g Semmelbrösel

Zum Anrichten

10 kleine, vollreife Marillen,
   entsteint und halbiert
Puderzucker
Minzeblätter

Marillenragout

In einer Pfanne den Zucker karamellisieren. Mit dem Champagner, dem Moscato d'Asti und dem Weißwein nach und nach ablöschen und aufkochen lassen. 2 Marillen entsteinen, in grobe Stücke zerteilen und in die Sauce geben. Die Marillen leicht köcheln lassen, bis sie zerfallen. Den Marillenfond durch ein feines Sieb passieren. Das Vanillemark in den Fond rühren und zum Abkühlen beiseitestellen. Vor dem Servieren den Aprikosenlikör unterrühren.

Marillenknödel

Die Kartoffeln schälen, vierteln und in kochendem Salzwasser weich kochen. Anschließend die Salzkartoffeln im heißen Backofen gut ausdampfen lassen. Die heißen Kartoffeln durch eine Kartoffelpresse in eine Schüssel drücken. Das Mehl, das Stärkemehl und die Eigelbe zügig unter die Kartoffeln arbeiten und den Kartoffelteig mit Salz und Muskatnuss abschmecken. Das Eiweiß halbsteif schlagen und den Eischnee locker unter den Teig heben (Vorsicht: Nicht lange rühren!).

Die Marillen in kochendem Wasser kurz blanchieren, dann sofort in Eiswasser abschrecken und häuten. Die Marillen vorsichtig halb aufschneiden, die Steine entfernen und durch einen Zuckerwürfel ersetzen. Den Kartoffelteig in 8 Portionen teilen. Auf einer bemehlten Unterlage die Teigportionen flach ausrollen oder -drücken und damit jeweils eine vorbereitete Marille umhüllen. Reichlich Wasser in einem großen Topf zum Kochen bringen. Das Wasser mit Salz, Zucker, Orangensaft und -abrieb würzen. Die Marillenknödel vorsichtig ins Wasser gleiten lassen, sodass sie sich nicht gegenseitig berühren. Die Marillenknödel ca. 20 Minuten leicht sieden lassen (Vorsicht: Das Wasser darf nicht mehr sprudelnd kochen.). Mit einem Schaumlöffel die Marillenknödel einzeln aus dem Wasser heben und gut abtropfen lassen.

Die Butter in einer Pfanne aufschäumen lassen und die Brösel darin goldgelb rösten. Die Brösel leicht zuckern.

Anrichten

Auf jeden Teller 2 Marillenknödel legen und mit den gezuckerten Bröseln betreuen. Je 5 Marillenhälften locker auf den Tellern verteilen und diese mit dem Marillenfond glasieren.

Abschließend etwas Puderzucker über die Marillenknödel stäuben. Einige Minzeblätter zwischen die Marillen stecken.

Weiße Bergamotte-Luftschokolade mit Limoncellocreme und Physalis

FÜR 4 PERSONEN
Zubereitungszeit: 60 Min. +
Temperierzeit
» anspruchsvoll

Für die weiße Bergamotte-Luftschokolade

300 g weiße Schokolade
10 ml Bergamotte-Öl
2 Sahnekapseln (für iSi-Flaschen)
1 Sodakapsel (für iSi-Flaschen)
2 Weckgläser (à 500 ml, mit
   Gummidichtung und Klammern)

Für die Limoncellocreme

3 Eier
60 g Kristallzucker
3 Blatt Gelatine
200 ml Limoncello
Salz
125 g flüssige Sahne

Für die marinierten Physalis

2 Packungen Physalis
1 Spritzer Zitronensaft
Ingwersirup

Zum Anrichten

Puderzucker

Weiße Bergamotte-Luftschokolade

Die Schokolade in einem Schmelztopf zusammen mit dem Bergamotte-Öl über einem Wasserbad schmelzen. Dabei mit einem Speisethermometer die Temperatur überprüfen. Sie sollte 36 °C nicht überschreiten. Die flüssige Schokolade in die iSi-Flasche füllen und den Deckel aufschrauben. Nacheinander die beiden Sahnekapseln und die Sodakapsel auf die iSi-Flasche schrauben, die Flasche jeweils umdrehen und das Gas kopfüber in die Schokolade strömen lassen. Die Schokoladenmasse ca. 3 Zentimeter hoch in die Weckgläser spritzen. Die Gummidichtungen sorgfältig auf den Rand der Weckgläser drücken, den Deckel auflegen und mit den Klammern luftdicht verschließen. Die Weckgläser in einen Vakuumierer stellen und die Schokoladenmasse etwa auf ¾ der Höhe der Gläser hochziehen. Die Weckgläser anschließend für ca. 3 Stunden in den Gefrierschrank stellen. Dann die Weckgläser unter fließendem heißem Wasser erwärmen, damit sich die Luftschokolade von der Glaswand löst und gestürzt werden kann.

Limoncellocreme

Die Eier trennen. Eiweiß beiseitestellen. Die Eigelbe mit 30 Gramm Zucker schaumig aufschlagen. Die Gelatine in kaltem Wasser 5 Minuten einweichen. 50 Milliliter Limoncello in einem kleinen Schmelztopf über einem Wasserbad erwärmen, den restlichen Limoncello in eine Schale gießen. Die ausgedrückte Gelatine im warmen Limoncello auflösen und durch ein feines Sieb zum restlichen Limoncello geben. Den Limoncello unter die schaumige Eigelbmasse rühren.

Das Eiweiß mit 1 Prise Salz schaumig rühren, dann unter Rühren den restlichen Zucker (30 Gramm) einrieseln lassen und den Eischnee cremig aufschlagen. Die Sahne steif schlagen. Anschließend abwechselnd das Eiweiß und die Sahne unter die Limoncellomasse heben. Die Limoncellocreme in Dessertgläser füllen und für ca. 2 Stunden kalt stellen.

Marinierte Physalis

Die Physalis halbieren und mit dem Zitronensaft und dem Ingwersirup marinieren.

Anrichten

Auf jedes Glas Limoncellocreme einige marinierte Physalis legen und mit der weißen Bergamotte-Luftschokolade garnieren. Abschließend mit etwas Puderzucker bestäuben.

KELTENHOF

KELTENHOF – WILDE KRÄUTER UND SALATE Auf dem Keltenhof bei Stuttgart werden Salate, Wildkräutersalate und Gemüse angebaut und vertrieben. Gerhard Daumüller, der den Keltenhof gemeinsam mit seiner Frau Angela betreibt, hat den Betrieb 1992 von seinem Vater übernommen, ausgebaut und sich dann auf den Anbau von Salaten und Kräutern sowie die Produktion von Salatmischungen spezialisiert. Besonders durch ausgefallene Produkte wie Asia Micro Leafs, Schokominze, Bronzefenchel oder Indianernessel haben sich die Keltenhof-Produkte auch bei Spitzengastronomen durchgesetzt. Gerade die Micro Leafs sind übrigens ein schönes Beispiel für Exoten in der Region. Das habe ich bei unserem Besuch gelernt. Roter und grüner Mizuna oder Tatsoi und die verschiedenen Senfvariationen wachsen auf dem Keltenhof im Freiland, geschützt durch Verfrühungsvliese und Kulturschutznetze, und werden geerntet, wenn die Blättchen etwa vier bis fünf Zentimeter groß sind. Die empfindlicheren Sorten wie Micro-Blutampfer, roter Amaranth und rotstielige Radieschenblätter werden schonend und unabhängig von Witterungseinflüssen im Gewächshaus aufgezogen. Definitiv gibt es aber nicht das ganze Jahr alles. Das macht es auch so spannend.

Die Familie Daumüller macht uns Köchen mit ihren besonderen Produkten immer wieder eine große Freude. Mit ihrer kleinen Affilakresse zum Beispiel, mit ihrem Amaranth, mit ihrem Oxalisblättern und all diesen besonderen Salat- und Kräuter-Highlights, die viele Gerichte auch optisch bereichern. Ein ganz besonderer Fan bin ich von ihrem wilden Brokkoli, obwohl ich Brokkoli eigentlich überhaupt nicht mag. Übrigens haben die Keltenhof-Produkte vielleicht auch schon den einen oder anderen von Ihnen glücklich gemacht. Vieles kann man inzwischen auch in einigen Feinkostläden kaufen.

HERBST

Herbst

Kürbis

Auch beim Kürbis gibt es unzählige Arten. In der Küche werden hauptsächlich der Hokkaido, der Butternuss- und der Muskatkürbis verwendet. Den kleineren orangefarbenen Hokkaido gibt es mittlerweile fast überall zu kaufen. Er hat den großen Vorteil, dass bei ihm so gut wie kein Abfall entsteht. Selbst wenn man im Privathaushalt wahrscheinlich die Kerne nicht nutzt (zum Beispiel röstet), beim Hokkaido kann man die Schale mitgaren und vor allem mitessen. Butternusskürbisse sind länglich und fast glatt. Sie sind übrigens geschmacklich am besten, wenn sie zwischen 20 und 30 Zentimeter lang sind. Seinen Namen hat der Butternusskürbis von seinem zarten, leicht buttrig schmeckenden Fruchtfleisch. Ich verwende ihn sehr gerne für ein Kürbiscarpaccio, weil er sich durch seine Form leicht in hauchdünne Scheiben schneiden lässt. Mein absoluter Favorit ist aber der Muskatkürbis. Er hat einfach mehr Fleisch als die anderen und eine wunderschöne, dunkelorange Färbung. Und man kann ihn mit so tollen Gewürzen kombinieren, vom Sternanis über den Ingwersirup bis zum Sushi-Essig. Er passt prima zu Mandarinen oder Orangen, zu Fischgerichten oder zu Prosciutto. Und einmachen kann man ihn natürlich auch noch – einfach ein super Allrounder. Solange man Kürbis nicht aufschneidet, kann man ihn bis zu mehreren Monaten lagern.

Rote Bete

Wie viele Herbstgemüse schmeckt man in der Roten Bete die Erde. Aber nur einen Hauch davon, sonst hat man bei der Zubereitung irgendetwas falsch gemacht. Bei der Roten Bete muss man mit Essig, gerne auch Balsamessig, arbeiten, diesen aber sorgfältig dosieren. Beim Kauf sollte man darauf achten, dass die Knollen steinhart sind, keine Dellen haben und vielleicht sogar noch Blätter oder Wurzeln daran sind (daran erkennt man auch, wie frisch geerntet sie sind). Im rohen Zustand ist Rote Bete sehr lange haltbar, daher bitte nicht die vorgepackten, in Folie eingeschweißten kaufen. Rote Bete verwende ich gerne in Terrinen oder Suppen – und der Rote-Bete-Risotto ist ja schon ein Klassiker. Am besten aber ist Rote Bete, wenn man an einem Spätsommer- oder lauen Herbstabend grillt, die Knollen in Alufolie wickelt und dann direkt in die Glut legt. Wenn man sie dann (mit einem Spieß einstechen und sehen, ob sie schon weich sind) auspackt, noch in der Folie ein wenig zerteilt und Sauerrahm, der mit Salz und Pfeffer abgeschmeckt ist, füllt und dann alles aus der Folie löffelt – das ist ein Gedicht.

Topinambur

Topinambur ist auch bekannt als »Kartoffel für Diabetiker«. Die Topinamburwurzel schmeckt tatsächlich ähnlich wie eine Kartoffel, enthält aber keine Stärke, sondern Inulin, ein stärkehaltiges Kohlenhydrat, das auch Diabetiker gut vertragen. Was so gesund klingt, ist gleichzeitig sehr lecker. Wie Kartoffeln kann man Topinambur zu Püree verarbeiten, einen Fond daraus machen oder eine Wurzel hauchdünn aufschneiden, frittieren und so köstliche Chips produzieren. Wie die Kartoffel eignet sich auch Topinambur als Begleiter für fast alle Speisen. Beim Kauf muss man nur darauf achten, dass die einzelnen Wurzeln sehr fest sind. Die Form kann sehr unterschiedlich sein, und man erhält die Wurzeln auch manchmal schon vorgewaschen oder noch staubig-erdig. Letzteres ist kein Makel, und man kann sie mit einer Nagelbürste unter kaltem Wasser gut sauber schrubben. Wie die Rote Bete kann man Topinambur übrigens auch super in der Folie garen – in der Glut des Grills oder im Backofen.

Zwetschge

Es gibt tatsächlich einen offiziellen Unterschied zwischen Zwetschgen und Pflaumen. Pflaumen sind eher kugelförmig und haben eine ausgeprägte Furche. Zwetschgen sind länglicher, und die Furche ist nur leicht zu sehen. Das Fruchtfleisch der Pflaumen ist im Allgemeinen weicher und daher besser für Pflaumenmarmelade oder -mus geeignet. Das Zwetschgenfleisch dagegen enthält weniger Wasser und ist daher fester und trockener, lässt sich aber leicht vom Kern lösen. Daher sind Zwetschgen auch besser für Kuchen geeignet. Die Zwetschgen sind etwas – aber nur etwas – säuerlicher im Geschmack.

Beide Früchte lassen sich gut mit Vanille oder Zimt kombinieren. Es geht bei ihnen schon immer in die etwas »wuchtigere« Richtung. So lassen sich beide auch gut in Alkohol einlegen oder dörren und passen dann alleine oder als Bestandteil eines Rumtopfs zum Vanilleeis oder auch, klein geschnitten, sehr gut in dunkle, kraftvolle Saucen. Beim Kauf muss ich wieder einmal die Duftprobe betonen. Wenn man frische Lebensmittel kauft, sollte man immer daran riechen. Riecht man nichts, sollte man nicht kaufen.

Feige

Die frische und reife Feige erkennt man daran, dass sie an ihrem Boden leicht schwitzt, also Feuchtigkeit zeigt. Dann ist es eine Topfeige. Das hat mir in meiner Zeit im »Tantris« der damalige Chefpatissier Martin Schmelzle beigebracht. Feige kann man natürlich roh, in Hälften oder Viertel geschnitten zum Beispiel als super Begleiter für Käse verwenden. Feigenmarmelade schmeckt sehr fein und kann auch Grundlage für ein tolles Feigenchutney sein. Natürlich ist Feige wunderbar im Salat – gerade im Rucola –, und ich liebe sie leicht glasiert zu Geflügel wie Taube. Aber man kann auch mal mutiger sein. Vor Kurzem haben wir ein neues Gericht ausprobiert: Rotkrautsalat, Feige und Granatapfel – eine super Kombination. Beim Aufbewahren der Feigen, kühl aber nicht unbedingt im Kühlschrank, muss man sorgfältig darauf achten, dass sie nicht zerdrückt werden, da die reifen Früchte sehr zart und empfindlich sind.

Brokkoli

Ich liebe vor allem den wilden Brokkoli, z. B. vom Keltenhof. Allerdings bekommt man den natürlich nicht so ohne Weiteres überall. Der normale Brokkoli ist oft besonders beliebt, weil er viele Nährstoffe, aber sehr wenig Kalorien hat. Das wird den grünen Röschen aber nicht gerecht. Und auch nicht dem Strunk, der leider oft nicht mitgegessen, sondern als Abfall entsorgt wird. Dabei schmeckt der Strunk ganz ähnlich wie grüner Spargel, die Röschen eher wie milder Blumenkohl. Man kann mit Brokkoli auch einen wunderbaren Flan machen oder ihn als Einlage für eine Lauchcremesuppe verwenden. Nur wenn man ihn grillen möchte, würde ich ihn vorher kurz leicht sautieren, da sonst die feinen Blüten zu schnell verbrennen. Frischer Brokkoli sollte dunkelgrün, manchmal sogar blaugrün sein. Die geschlossenen Blütenstände sollten einen kompakten Kopf bilden. Gelbliche Verfärbungen – auch leichte – zeigen, dass er nicht mehr frisch ist. Aufbewahrt werden sollte Brokkoli am besten im Gemüsefach, in eine Klarsichtfolie eingewickelt. Aber auch so hält er sich nicht lange, höchstens drei Tage, bevor er deutlich an Qualität verliert.

Ceviche vom Lachs mit Romanasalatherzen

FÜR 4 PERSONEN
Zubereitungszeit:
30 Min. + Temperierzeit
» leicht

Für die Ceviche vom Lachs

400 g Lachsfilet ohne Haut und Gräten, Sushi-Qualität
2–3 Schalotten
1 rote Chilischote
2 Stängel glatte Petersilie
5 Stängel Koriander
50 ml Olivenöl
50 ml frisch gepresster Limettensaft
1 EL Ingwersirup
Zesten von ½ Bio-Zitrone
1 EL Champagneressig
2 EL Maiskeimöl

Zum Anrichten

4 Romanasalatherzen
Currypulver Kaschmir
Korianderblätter
Affilakresse

Ceviche vom Lachs

Das Lachsfilet waschen, trocknen und auf einem Teller mit Frischhaltefolie abdecken. Das Lachsfilet in den Gefrierschrank stellen und kurz anfrieren lassen. Anschließend das Lachsfilet auspacken und mit einem sehr scharfen Messer sehr feine Scheiben abschneiden. Die Lachsfiletscheiben auf den vorbereiteten Tellern nebeneinander ausbreiten.

Die Schalotten abziehen und sehr fein würfeln. Die Chilischote längs halbieren, entkernen und ebenfalls fein würfeln. Die Petersilien- und Korianderblätter abzupfen und fein hacken. Die Schalotten und Chiliwürfel, die gehackten Kräuter und alle restlichen Zutaten in einer Schale zu einer homogenen Marinade verrühren. Etwa ⅓ der Marinade abfüllen und beiseitestellen. Die restliche Marinade anschließend so über die Lachsfiletscheiben löffeln, dass diese vollständig damit bedeckt sind.

Anrichten

Die Salatherzen waschen, gut trocknen, etwas zerteilen und neben den Lachsfiletscheiben anrichten. Die beiseitegestellte Marinade (siehe oben) durch ein feines Sieb passieren und die Salatherzen damit marinieren. Abschließend etwas Currypulver über die Salatherzen stäuben und mit den Korianderblättern und etwas Affilakresse garnieren.

 Bei Ceviche handelt es sich ursprünglich um ein peruanisches Gericht. Bei dem Verfahren, das hier angewendet wird, handelt es sich um eine Säuredenaturierung von Eiweiß. Es kann auf alle Fischsorten angewendet werden. Je länger dabei die Marinade auf die hauchdünn geschnittenen Filetscheiben oder kleinen Filetwürfel einwirkt, desto stärker »durchgegart« sind sie. Wichtig ist, dass immer sehr frischer Fisch bester Qualität verwendet wird.

Gebratene Jakobsmuscheln auf Dashi-Belugalinsen

FÜR 4 PERSONEN
Zubereitungszeit:
1 Std. + Einweichzeit
» *mittel*

Für die Dashi-Belugalinsen

200 g Belugalinsen
100 g Tamarinde
2 EL helle Sojasauce
1 TL Dashi-Pulver
1 EL Sepia-Tinte
1 EL Yuzu-Dressing
  (siehe Seite 185)
1 EL Kristallzucker
50 ml Aceto balsamico
50 ml Rote-Bete-Saft
50 g eiskalte Butterwürfel

Für die Jakobsmuscheln

8 Jakobsmuscheln
neutrales Pflanzenöl
Fleur de Sel

Zum Anrichten

1 EL geröstete weiße Sesamsaat
1 pulverisiertes Nori-Blatt
Radicchio trevisano
French Dressing (siehe Seite 185)
Yuzu-Dressing (siehe Seite 185)
1 EL sehr feine Schnittlauchröllchen
Purple-Sakura-Kresse

Dashi-Belugalinsen

Die Linsen für 2–3 Stunden in kaltem Wasser einweichen. Die Tamarinde in eine Schale geben und mit 200 Milliliter Wasser übergießen. Die Tamarinde gut durchkneten und ca. 2 Stunden durchziehen lassen. Anschließend den Inhalt der Schale durch ein feines Sieb in eine Schale passieren. Die Sojasauce, das Dashi-Pulver, die Sepia-Tinte und das Yuzu-Dressing zufügen und alles gut verrühren. Die Linsen abtropfen lassen und in einen Vakuumbeutel füllen. Den Tamarindensud darübergießen und dann den Beutel vakuumieren. Die Linsen in einem Wasserbad bei 85 °C für 40 Minuten garen.

Den Zucker in einem Topf bei mittlerer Temperatur karamellisieren und mit dem Balsamico und dem Rote-Bete-Saft ablöschen. Anschließend die Flüssigkeit um die Hälfte reduzieren lassen. Die fertig gegarten Linsen zufügen und gut durchschwenken. Abschließend die Butterwürfel in die Linsen montieren und abschmecken.

Jakobsmuscheln

Die Jakobsmuscheln waschen und sehr gut trocknen. Eine Grillpfanne sehr stark erhitzen und mit etwas Öl auspinseln. Die Jakobsmuscheln auf jeder Seite ca. 30 Sekunden grillen und mit etwas Fleur de Sel würzen.

Anrichten

Die Linsen auf die vorbereiteten Teller verteilen und je 2 Jakobsmuscheln darauflegen. Etwas gerösteten Sesam und Nori-Pulver darüberstreuen. Den Radicchio daneben anrichten und mit den Dressings beträufeln. Abschließend mit dem Schnittlauch und der Kresse garnieren.

Tatar von Urkarotten mit Kaiserschoten und Koriander

Für das Tatar von Urkarotten

4 Urkarotten
Salz
1 Prise Kristallzucker
¼ TL Kümmelsamen
1 EL Butter
1 EL Ingwersirup
1 EL Teriyakisauce
1 Prise Fünf-Gewürze-Pulver

Für die Kaiserschoten

10 Kaiserschoten
5 Korianderblätter
1 TL Zitronenöl
1 TL Champagneressig
1 Prise Kristallzucker

Für die Macachips

100 g Macawurzel
neutrales Pflanzenöl
1 TL Rote-Bete-Granulat
1 TL Sumach
1 Prise Salz
1 Prise Zitronenpulver

Zum Anrichten

Blätter vom roten Grünkohl
   (Minispezies von wildem Kohl)
Balsamico-Vinaigrette (s. S. 184)
Schnittlauchcreme
   (siehe Seite 31 Lauwarme Seeforelle mit eingelegten Radieschen, Zuckerschoten und Schnittlauchcreme)

Tatar von Urkarotten

Die Urkarotten gründlich waschen und zusammen mit Salz und Zucker sowie den Kümmelsamen und der Butter sorgfältig in Alufolie verpacken. Das Päckchen für ca. 35 Minuten im auf 180 °C vorgeheizten Backofen (Umluft) garen. Anschließend die Urkarotten auspacken, die Kümmelsamen sorgfältig entfernen und die Karotten durch einen Fleischwolf drehen. Das Karottentatar mit dem Ingwersirup, der Teriyakisauce, dem Fünf-Gewürze-Pulver und 1 Prise Salz würzen.

Kaiserschoten

Die Kaiserschoten in feine Streifen und anschließend in feine Würfel schneiden. Die Korianderblätter in feine Streifen schneiden. Beides in einer Schale vermischen. Die restlichen Zutaten zufügen und nochmals gut vermengen.

Macachips

Die Macawurzel schälen und mit einer Aufschnittmaschine sehr feine Scheiben abschneiden.
   Das Öl auf ca. 175 °C erhitzen. (Die Temperatur stimmt, wenn sich am Stiel eines Holzkochlöffels Blasen bilden, sobald er in das Fett getaucht wird.) Die Macascheiben portionsweise frittieren und auf Küchenpapier abtropfen lassen. Sofort mit den restlichen Zutaten bestäuben.

Anrichten

Die Kaiserschoten flächig auf den vorbereiteten Tellern verteilen. Mit einem kleinen Anrichtering das Karottentatar anrichten. Abschließend mit 1 Macachip und in Balsamico-Vinaigrette getauchten Grünkohlblättern sowie optional mit einigen Tupfen Schnittlauchcreme garnieren.

 **Wenn ich sehr kleine Anrichteringe benötige, verwende ich kleine, leere Dosen z.B. von Tomatenmark. Die Deckel bzw. Böden sehr sorgfältig entfernen, damit kein scharfkantiger Rand entsteht, an dem man sich verletzen kann.**

Tranche vom Bauernhuhn mit Apfel »süßsauer« und Yuzu-Thai-Basilikum-Eis

FÜR 4 PERSONEN
Zubereitungszeit:
1 Std. + Temperierzeit
» anspruchsvoll

Für das Yuzu-Thai-Basilikum-Eis

½ Bund Thai-Basilikum-Blätter
1 Bund Basilikumblätter
100 ml Zitronensaft
215 g Kristallzucker
1 TL Glukose
250 ml Rose's Lime Juice
35 ml Yuzu-Saft

Für das Bauernhuhn

400 g Hühnerbrust, mit Haut,
    ohne Knochen, Salz
frisch gemahlener schwarzer Pfeffer
1 EL neutrales Pflanzenöl
1 EL Butter, 1 Zweig Rosmarin
1 Knoblauchzehe mit Schale

Für den Apfel »süßsauer«

100 g Zwiebel, 50 g Butter
Salz, 50 ml Prosecco
50 g Knollensellerie
50 ml Holunderblütensirup
1 EL Sushi-Essig
20 ml Grüner-Apfel-Sirup
20 ml Geflügelbrühe (s. S. 184)
1 Granny-Smith-Apfel
1 Zweig Estragon
1 EL lauwarme, vorgegarte
    Perlgraupen

Zum Anrichten

einige Blätter Friséesalat
French Dressing (siehe Seite 185)
einige Thai-Basilikum-Blätter

Yuzu-Thai-Basilikum-Eis

Die Blätter vom Thai-Basilikum und Basilikum abzupfen – es werden 25 Gramm Thai-Basilikum-Blätter sowie 45 Gramm Basilikumblätter benötigt. Die Stängel beiseitelegen. Die restlichen Zutaten in 480 Milliliter Wasser zusammen mit den beiseitegelegten Kräuterstängeln aufkochen. Das Ganze abkühlen lassen und den Fond durch ein feines Sieb passieren. Anschließend den Fond in einen Pacojet-Becher füllen und sehr gut kühlen. Dann die abgezupften Kräuterblätter in den Fond geben und über Nacht einfrieren. Vor dem Servieren die benötigte Menge im Pacojet herstellen.

Bauernhuhn

Die Hühnerbrust rechtzeitig aus dem Kühlschrank nehmen, damit das Fleisch bei der Verarbeitung etwa Raumtemperatur hat. Das Fleisch waschen, trocken tupfen und mit Salz und Pfeffer würzen. Das Öl und die Butter in einer ofenfesten Pfanne erhitzen und die Hühnerbrust auf der Hautseite gut anbraten. Den Rosmarin und die leicht gequetschte Knoblauchzehe zufügen und alles zusammen für ca. 12 Minuten in den auf 180 °C vorgeheizten Backofen (Umluft) schieben. Unmittelbar vor dem Anrichten die Hühnerbrust in Tranchen schneiden.

Apfel »süßsauer«

Die Zwiebel abziehen und fein würfeln. Die Butter in einer Sauteuse erhitzen und die Zwiebelwürfel darin anschwitzen. Mit 1 Prise Salz würzen und mit dem Prosecco ablöschen. Den Sellerie fein würfeln und zu den Zwiebeln geben. Den Holunderblütensirup, den Sushi-Essig, den Apfelsirup und die Geflügelbrühe zufügen und aufkochen lassen. Den ungeschälten Apfel vierteln, das Kerngehäuse entfernen, den Apfel fein würfeln und in die Sauteuse geben. Die Estragonblätter abzupfen, fein schneiden und zum Apfel geben. Alles gut vermischen. Abschließend die Perlgraupen unterrühren.

Anrichten

Den Apfel »süßsauer« auf tiefe Teller verteilen. Die Fleischtranchen darauf anrichten. Daneben eine Nocke Yuzu-Thai-Basilikum-Eis setzen. Abschließend mit den mit French Dressing marinierten Friséesalatblättern und dem Thai-Basilikum garnieren.

Topinambur-Cremesuppe mit pochiertem Ei

FÜR 4 PERSONEN
Zubereitungszeit: 45 Min.

» *mittel*

Für die Topinambur-Cremesuppe

2 Schalotten
2 EL Butter
200 g Topinambur
50 ml Prosecco
500 ml Geflügelbrühe (siehe Seite 184)
Salz
1 EL Worcestershiresauce
100 g flüssige Sahne
1 geh. EL Crème fraîche
einige Tropfen frisch gepresster Zitronensaft

Für die pochierten Eier

einige Tropfen Essigessenz
4 Bauerneier
Salz

Zum Anrichten

1 EL braune Butter
Topinamburchips

Topinambur-Cremesuppe

Die Schalotten abziehen und fein würfeln. Die Butter bei mittlerer Temperatur in einem Topf erhitzen und die Schalottenwürfel darin anschwitzen. Die Topinambur schälen, würfeln und ebenfalls kurz anschwitzen. Mit dem Prosecco ablöschen und diesen verkochen lassen. Anschließend mit der Geflügelbrühe aufgießen. Die Suppe leicht salzen und mit der Worcestershiresauce würzen. Die Topinamburwürfel ca. 20 Minuten leicht köcheln lassen, bis sie weich sind. Die Suppe in einen Standmixer umfüllen und pürieren. Anschließend die Suppe durch ein feines Sieb passieren und wieder in einen Topf umfüllen. Die Sahne dazugeben und die Suppe nochmals aufkochen. Den Topf vom Herd ziehen und die Crème fraîche unterrühren (die Suppe jetzt nicht mehr kochen lassen). Abschließend noch mit ein paar Tropfen Zitronensaft abschmecken.

Pochierte Eier

Reichlich Wasser in einem großen Topf zum Kochen bringen. Einige Tropfen Essigessenz in das Wasser träufeln. Die Eier nacheinander einzeln in eine Schale aufschlagen. Das kochende Wasser mit einem Schneebesen kräftig rühren, sodass ein Strudel entsteht. Jedes Ei einzeln in diesen Strudel gleiten lassen. Die Eier ca. 1 Minute im Wasser lassen, dann mit einem Schaumlöffel herausnehmen und gut abtropfen lassen. Vor dem Servieren die Eier leicht salzen.

Anrichten

Die Suppe auf tiefe Teller verteilen. Je 1 pochiertes Ei in die Mitte setzen. Etwas braune Butter über das Ei träufeln und mit 1 Topinamburchip (siehe Tipp) garnieren.

Gemüsechips lassen sich von sehr vielen Gemüsesorten herstellen. Die Vorgehensweise ist dabei immer gleich: Das Gemüse schälen, mit einer Aufschnittmaschine oder mit einem sehr feinen Gemüsehobel bzw. Trüffelhobel sehr feine Scheiben schneiden und diese in reichlich 180 °C heißem, neutralem Pflanzenöl kurz frittieren. Die Chips auf Küchenpapier abtropfen lassen und eventuell salzen oder mit dekorativen Pulvern (z.B. Rote-Bete-Granulat) bestäuben.

Muskatkürbis-curry

Muskatkürbiscurry

FÜR 4 PERSONEN
Zubereitungszeit: 30 Min.

» einfach

Für das Muskatkürbiscurry

1 rote Zwiebel
6–7 EL neutrales Pflanzenöl
25 g Butter
1 Msp. Currypulver Kaschmir
1 Msp. Tandoori Masala
1 Msp. Fünf-Gewürze-Pulver
1 Msp. Fenchelsamen
1 Msp. Koriandersamen
1 Sternanis
**500 ml Tomatenwasser
   (siehe Seite 184)**
**250 ml frisch gepresster Orangen-
   saft**
1 reife Mango
1 Knoblauchzehe
2 EL Fischsauce
2 EL helle Sojasauce
Maisstärkemehl
500 g Muskatkürbis, geschält
**1 Packung Minimaiskolben
   (ca. 10 Stück)**
10 Shiitake-Pilze
1 Bund Frühlingszwiebeln
1 Packung Kaiserschoten
1–2 Tropfen Sesamöl
Salz

Zum Anrichten

Abrieb von 1 Bio-Zitrone
Abrieb von 1 Bio-Orange
Thai-Basilikum-Blättchen
Korianderblättchen

Muskatkürbiscurry

Die Zwiebel abziehen, halbieren und in feine Scheiben schneiden. 2 Esslöffel Öl und die Butter in einem Topf erhitzen und die Zwiebelscheiben darin anschwitzen und mit dem Currypulver, dem Tandoori Masala und dem Fünf-Gewürze-Pulver bestäuben. Anschließend die Fenchel- und Koriandersamen und den Sternanis zugeben und etwas anrösten. Mit dem Tomatenwasser und dem Orangensaft ablöschen. Die Mango schälen und die Hälfte des Fruchtfleischs in grobe Würfel schneiden. Die restliche Mango in 4 dünne Fächer schneiden und als Dekoration beiseitelegen. Die Mangowürfel mit der leicht gequetschten Knoblauchzehe und der Fisch- sowie der Sojasauce zum Fond geben. Den Fond aufkochen und dann 10 Minuten leicht köcheln lassen. Gegebenenfalls kann der Fond 5 Minuten vor Ende der Garzeit mit etwas Maisstärkemehl abgebunden werden.

Den Muskatkürbis in unregelmäßige, etwa gleich große Stücke schneiden und zusammen mit den der Länge nach halbierten Minimaiskolben in einen Topf geben. Den Fond durch ein feines Sieb darüberpassieren. Anschließend den Kürbis im Fond sehr weich kochen.

In einer Pfanne das restliche Öl (4–5 Esslöffel) erhitzen und die Shiitake-Pilze darin anbraten. Die Frühlingszwiebeln putzen und die hellen Anteile in Röllchen schneiden. Die Kaiserschoten schräg zerteilen. Beides zu den Pilzen geben, ebenfalls anbraten und mit dem Sesamöl und etwas Salz würzen.

Anrichten

Das Muskakürbiscurry auf die vorbereiteten tiefen Teller verteilen. Das Pilzgemüse darauf anrichten und leicht untermischen. Das Curry mit den Zitronen- und Orangenzesten sowie mit den gehackten Kräuterblättchen und den Mangofächern garnieren.

Wirsingrisotto mit schwarzem Trüffel

FÜR 4 PERSONEN
Zubereitungszeit: 45 Min.

» mittel

Für den Wirsingrisotto

1 Schalotte
1 Knoblauchzehe
4 EL Olivenöl
250 g Risottoreis
   (z.B. Vialone nano)
50 ml Prosecco
1,5 l heiße Geflügelbrühe
   (siehe Seite 184)
Salz
1 EL Trüffelöl
2–3 EL kalte Butter
4 EL frisch geriebener Parmesan
400 g Wirsing
1 EL geschlagene Sahne
1 EL feine Schnittlauchröllchen

Zum Anrichten

schwarzer Trüffel

Wirsingrisotto

Schalotte und Knoblauch abziehen, die Schalotte in feine Würfel schneiden und den Knoblauch fein hacken. Das Olivenöl in einem Topf erhitzen und die Schalottenwürfel darin glasig andünsten, den Knoblauch zugeben und kurz mit anschwitzen. Den Reis hinzufügen und nochmals alles zusammen anschwitzen. Mit dem Prosecco ablöschen und diesen gut einkochen lassen. Von der Geflügelbrühe unter ständigem Rühren portionsweise immer so viel zum Reis geben, dass der Reis nicht am Topf anliegt. Diesen Vorgang so lange wiederholen, bis der Reis den gewünschten Garpunkt und der Risotto die gewünschte Konsistenz erreicht hat. Mit Salz abschmecken. Nun das Trüffelöl, die kalte Butter und den Parmesan unter den Risotto rühren.

Den Wirsing waschen, trocknen und entweder in Juliennestreifen schneiden oder die Blätter zerrupfen. Reichlich Salzwasser zum Kochen bringen und den Wirsing kurz blanchieren. Mit einem Schaumlöffel den Wirsing aus dem Wasser heben und sofort in Eiswasser abschrecken. Den Wirsing anschließend in ein Sieb geben und gut abtropfen lassen. Kurz vor dem Servieren den Wirsing, die Sahne und die Schnittlauchröllchen unter den Risotto heben.

Anrichten

Den Risotto auf 4 tiefe Teller verteilen und den Trüffel darüberhobeln.

 Dieser Risotto passt auch hervorragend als Beilage zu Rehrücken oder Wildentenbrust. Der Risotto kann auch vegetarisch mit Grünkohl oder kross gebratenen Schwarzwurzelscheiben abgewandelt werden.

Miesmuscheln à la Shane

FÜR 4 PERSONEN
Zubereitungszeit: 1 Std.

» *mittel*

Für die Miesmuscheln à la Shane

2 weiße Zwiebeln
2 EL Butter
5 Knoblauchzehen
3 kg Miesmuscheln (Bouchot), küchenfertig
200 ml trockener Weißwein oder Prosecco
ca. 200 ml Kokosmilch
1 mehligkochende Kartoffel
3 Kaffir-Limettenblätter
1 EL eingeweichte Tamarinde
4 Stängel Zitronengras
½ Bd. Zitronenthymian
Salz
1 rote Chilischote
2 Stangen Lauch

Zum Anrichten

reichlich Kartoffelchips mit Salz und Piri Piri (siehe Tipp Seite 110 Topinambur-Cremesuppe mit pochiertem Ei) oder Kartoffelbrot (siehe Seite 184)

Miesmuscheln à la Shane

Die Zwiebeln halbieren und in feine Scheiben schneiden. Die Butter in einem großen Topf erhitzen und die Zwiebelscheiben sowie die abgezogenen Knoblauchzehen darin anbraten. Die abgetropften Muscheln dazugeben und ebenfalls kurz anbraten. Mit dem Weißwein bzw. Prosecco ablöschen. Den Topf mit einem Deckel verschließen und die Muscheln bei voller Hitze 10–12 Minuten garen. Dabei nach der Hälfte der Kochzeit einmal kräftig umrühren und danach den Topf wieder verschließen. Die Muscheln durch ein Sieb abgießen und den Fond auffangen. Noch komplett verschlossene Muscheln aussortieren und wegwerfen. Die restlichen Muscheln auslösen und einige schöne Muschelschalen beiseitelegen.

Den aufgefangenen Muschelfond in einen Topf geben und im Verhältnis 1:1 mit Kokosmilch auffüllen. Die Kartoffel klein würfeln und mit den Kaffir-Limettenblättern, der Tamarinde und dem in kleine Scheiben geschnittenen Zitronengras dazugeben. Die Thymianblättchen abzupfen und mit etwas Salz und der einmal geknickten Chilischote ebenfalls in den Fond rühren. Den Fond ca. 20 Minuten köcheln lassen. Anschließend den Fond mit einem Stabmixer kurz durchmixen und dann durch ein feines Sieb passieren.

Den Lauch putzen, den weißen Anteil der Länge nach halbieren und in feine Scheiben schneiden. Den Kokossud wieder in einen Topf füllen und nochmals aufkochen. Das ausgelöste Muschelfleisch mit dem Lauch vermischen und alles in den heißen Kokossud rühren. Den Topf dabei sofort vom Herd ziehen. (Die Muscheln sollen nicht mehr kochen.)

Anrichten

Die Muscheln auf tiefe Teller verteilen und nach Belieben mit Kartoffelchips oder Kartoffelbrot servieren.

Medaillon vom Hirschkalbrücken mit Granatapfel, wildem Brokkoli und Rote-Bete-Perilla-Sushireis

FÜR 4 PERSONEN
Zubereitungszeit:
45 Min. + Temperierzeit
» anspruchsvoll

Für den Rote-Bete-Perilla-Sushireis

500 g Sushireis
310 ml Rote-Bete-Saft
1 EL Perilla-Dressing (im Asialaden erhältlich)
1 TL Sumach, 1 Prise Salz
160 ml Sushi-Essig
85 g Kristallzucker

Für den Hirschkalbrücken

600 g Hirschkalbrücken, küchenfertig ausgelöst, Salz
frisch gemahlener schwarzer Pfeffer
2 EL neutrales Pflanzenöl
2 Wacholderbeeren
½ TL Koriandersamen
1 Zweig Rosmarin

Für die Granatapfelsauce

1 EL Puderzucker
50 ml Granatapfelsaft
20 ml milder Aceto balsamico
50 ml Rote-Bete-Saft
50 ml roter Portwein
1 EL Preiselbeergelee, Salz
Maisstärkemehl, 1 Granatapfel
1 EL Yuzu-Dressing (siehe S. 185)

Für den wilden Brokkoli

1 Bund wilder Brokkoli
Salz, 2 EL Butter

Zum Anrichten

Korianderblätter

Rote-Bete-Perilla-Sushireis

Den Sushireis in eine Schüssel geben und wässern (lauwarmes Wasser aus dem Wasserhahn so lange um den Reis laufen lassen, bis das Wasser nicht mehr trüb, sondern klar ist). Dann den Reis abseihen und in einen Reiskocher geben. Anschließend den Rote-Bete-Saft, das Perilla-Dressing, den Sumach, 310 ml Wasser und das Salz in den Kocher geben und den Reis kochen. Den fertig gegarten Reis am besten in eine Holzschüssel geben. Den Sushi-Essig mit dem Zucker aufkochen. Anschließend diese Mischung über den gekochten Reis geben, verrühren und den Reis anschließend mit einem feuchten Tuch abdecken. Den Reis ca. 30 Minuten ziehen lassen.

Hirschkalbrücken

Den Hirschkalbrücken ca. 2 Stunden vor der Verarbeitung aus dem Kühlschrank nehmen und temperieren. Das Fleisch mit Salz und Pfeffer würzen. Das Öl in einem Bräter erhitzen und das Fleisch rundherum scharf anbraten. Die Wacholderbeeren leicht andrücken und zusammen mit den Koriandersamen und dem Rosmarin zum Fleisch geben. Den Hirschkalbrücken im auf 120 °C vorgeheizten Backofen (Umluft) ca. 25 Minuten braten. Das Fleisch aus dem Ofen nehmen und ruhen lassen. Vor dem Servieren den Hirschkalbrücken in 4 Scheiben zerteilen.

Granatapfelsauce

Den Puderzucker bei mittlerer Temperatur leicht karamellisieren lassen. Mit dem Granatapfelsaft, dem Aceto balsamico, dem Rote-Bete-Saft und dem Portwein ablöschen. Das Preiselbeergelee unterrühren und mit Salz würzen. Die Sauce leicht köcheln lassen und um die Hälfte reduzieren. Anschließend mit etwas Maisstärkemehl leicht abbinden und weitere 5 Minuten köcheln lassen. Die Kerne aus dem Granatapfel lösen, dabei abtropfenden Saft auffangen. Die Kerne mit dem Saft und dem Yuzu-Dressing in die Sauce rühren.

Wilder Brokkoli

Den Brokkoli putzen, waschen und trocknen. Reichlich Salzwasser in einem großen Topf zum Kochen bringen und den Brokkoli blanchieren. Den Brokkoli mit einem Schaumlöffel aus dem Wasser heben und sofort in Eiswasser legen. Anschließend das Wasser abgießen und den Brokkoli in einem Sieb gut abtropfen lassen. In einer Pfanne die Butter bei mittlerer Temperatur erhitzen und bräunen. Den Brokkoli in die braune Butter legen und gut durchschwenken. Mit etwas Salz abschmecken.

Anrichten

Den Sushireis auf den Tellern anrichten. Je 1 Scheibe Hirschkalbrücken daran anlegen und etwas Sauce darüberträufeln. Den wilden Brokkoli danebenlegen. Abschließend mit einigen Korianderblättern garnieren.

Entenbrust auf karamellisiertem Süßkartoffel-Tandoori

FÜR 4 PERSONEN
Zubereitungszeit:
45 Min. + Temperierzeit
» mittel

Für das karamellisierte Süßkartoffel-Tandoori

400 g Süßkartoffeln
100 ml Ingwersirup
50 ml frisch gepresster Orangensaft
1 EL helle Sojasauce
grobes Meersalz
1 TL Tandoori Masala
100 g Chinakohl

Für die Entenbrust

2 Entenbrustfilets mit Haut
Salz
frisch gemahlener schwarzer Pfeffer

Zum Anrichten

2 EL geröstete weiße Sesamsaat
frittierte Wan-Tan-Blätter

Karamellisiertes Süßkartoffel-Tandoori

Die Süßkartoffeln schälen, in Spalten schneiden und in eine Schüssel geben. Den Ingwersirup, den Orangensaft, die Sojasauce, das Salz und das Tandoori Masala in einer Schale gut verrühren und die Süßkartoffeln damit marinieren. Die Süßkartoffeln in einer ofenfesten Form flächig ausbreiten und im auf 180 °C vorgeheizten Backofen (Umluft) ca. 20 Minuten backen. Die Kartoffelspalten nach der Hälfte der Backzeit einmal wenden. Den Chinakohl in sehr dünne Streifen schneiden und ca. 1 Minute vor Ende der Backzeit über die Kartoffelspalten streuen.

Entenbrust

Die Entenbrüste ca. 2 Stunden vor der Weiterverarbeitung aus der Kühlung nehmen und temperieren. Die Entenbrustfilets mit Salz und Pfeffer würzen und in einer ofenfesten Pfanne ohne Fettzugabe auf der Hautseite gut anbraten. Die Pfanne für ca. 14 Minuten in den auf 180 °C vorgeheizten Backofen (Umluft) schieben. Danach die Entenbrustfilets ca. 3 Minuten ruhen lassen.

Anschließend die Entenbrustfilets mit der Hautseite nach oben drehen und für 2–3 Minuten bei Grillstufe nochmals in den Backofen schieben. Vor dem Servieren jedes krosse Entenbrustfilet der Länge nach in 4 Tranchen schneiden.

Anrichten

Die Süßkartoffeln mit etwas Sud und Chinakohl auf die vorbereiteten Teller verteilen und darauf je 2 Tranchen der Entenbrust anrichten. Die Sesamsaat darüberstreuen und die frittierten Wan-Tan-Blätter dazwischenstecken.

 Für die frittierten Wan-Tan-Blätter benötigt man einen Topf mit reichlich neutralem Pflanzenöl. Dieses erhitzen und die Wan-Tan-Blätter einzeln nacheinander ins heiße Fett gleiten lassen. Wenn sie nach einigen Sekunden eine goldgelbe Farbe angenommen haben, die Wan-Tan-Blätter aus dem Fett ziehen und auf Küchenpapier abtropfen lassen.

Bills New York Cheese Cake

FÜR EINE SPRINGFORM
MIT 23 CM ⌀
Zubereitungszeit:
2 Std. + Kühlzeit
» anspruchsvoll

Für den Boden

220 g Mehl Type 405
1 Vanilleschote
60 g Kristallzucker
Abrieb von 1 Bio-Zitrone
2 Eigelbe
**100 g Butter und etwas mehr für
    die Form, in Würfel geschnitten**
1 Prise Salz

Für die Füllung

1 kg Doppelrahmfrischkäse
350 g Kristallzucker
3 TL Speisestärke
Abrieb von 1 Bio-Zitrone
Abrieb von 1 Bio-Orange
½ TL Vanilleextrakt
5 Eier
2 Eigelbe
60 g flüssige Sahne

Zum Anrichten

Puderzucker
einige Brombeeren

Boden

Das Mehl, das ausgekratzte Mark der Vanilleschote, den Zucker und den Zitronenabrieb in einer Schüssel gut vermischen. Die Eigelbe, die in Würfel geschnittene Butter und das Salz zufügen, einen gleichmäßigen Teig daraus kneten und eine Rolle daraus formen. Den Teig in Frischhaltefolie einschlagen und 1 Stunde kalt stellen. Den Boden einer Springform mit Butter einpinseln. Anschließend den Teig ca. 3 Zentimeter dick ausrollen, einen Kreis in der Größe des Springformbodens ausschneiden und diesen damit belegen. Die Teigreste zur Seite stellen. Den Kuchenboden auf der mittleren Schiene des auf 200 °C vorgeheizten Backofens (Umluft) 10–12 Minuten goldgelb backen.

Die Springform aus dem Backofen nehmen. Den Rand der Springform lösen, den Boden ca. 10 Minuten abkühlen lassen und anschließend noch mindestens 30 Minuten in den Kühlschrank stellen.

Die Springform jetzt wieder zusammensetzen und die Innenseiten der Springform mit Butter bestreichen. Den Rand mit den beiseitegestellten Teigresten auskleiden und die Form beiseitestellen.

Füllung

Den Doppelrahmfrischkäse, den Zucker, die Speisestärke, den Zitronen- und Orangenabrieb und das Vanilleextrakt mit einem Handrührgerät zu einer glatten Masse verrühren. Nach und nach die Eier und Eigelbe gut unterrühren. Abschließend die Sahne dazugeben und alles nochmals gut vermischen.

Die Masse in die vorbereitete Springform gießen und den Kuchen auf der mittleren Schiene des auf nun 250 °C vorgeheizten Backofens (Umluft) 12 Minuten backen. Die Temperatur anschließend auf 100 °C reduzieren und den Käsekuchen noch 1 Stunde im Backofen lassen.

Den fertigen Kuchen aus dem Backofen nehmen und auskühlen lassen. Den Cheese Cake über Nacht in den Kühlschrank stellen. Etwa 1 Stunde vor dem Servieren den Kuchen aus dem Kühlschrank nehmen und bei Zimmertemperatur servieren.

Anrichten

Den Cheese Cake in Stücke schneiden und auf die vorbereiteten Teller verteilen. Mit etwas Puderzucker bestäuben und mit Brombeeren garnieren.

Zwetschgentarteletts mit Rotweineis

FÜR 5 PERSONEN
Zubereitungszeit:
1 Std. + Kühlzeit
» anspruchsvoll

Für das Rotweineis

250 ml roter Portwein
250 ml trockener Rotwein
1 Beutel roter Früchtetee
50 g Heidelbeeren
150 ml Kirschsaft
½ Stange Zimtrinde
½ Vanilleschote
100 g Kristallzucker, 1 Eigelb
95 g kalte Butterwürfel
1 ½ Blätter Gelatine

Für die Zwetschgentarteletts

Für den Mürbteig
125 g Butter und etwas mehr
    für die Form
65 g Kristallzucker
215 g Mehl Type 405 und etwas
    mehr für die Form
1 Prise Salz
1 Prise Vanillezucker
Abrieb von 1 Bio-Zitrone
Abrieb von 1 Bio-Orange
1 Ei (Größe L), 200 g roher Reis

Für den Belag
50 g gehobelte Mandeln
200 g flüssige Sahne
190 g Sauerrahm
2 Eigelbe, 50 g Kristallzucker
40 g Vanillepuddingpulver
1 Prise Salz, 300 g Zwetschgen

Zum Anrichten

Puderzucker
Minze zum Garnieren

Rotweineis

Den Portwein und den Rotwein in einem Topf erhitzen und auf etwa die Hälfte reduzieren. Anschließend den Früchtetee, die Heidelbeeren, den Kirschsaft, die Zimtrinde und die aufgeschlitzte Vanilleschote zugeben. Den Sud bei 60 °C ca. 20 Minuten ziehen lassen. Danach den Teebeutel entfernen und die Reduktion durch ein feines Sieb passieren.

85 Gramm Zucker in einem Topf karamellisieren lassen, mit der Reduktion ablöschen und so lange köcheln lassen, bis sich der Karamell vollständig gelöst hat. Die Reduktion anschließend leicht abkühlen lassen. Das Eigelb mit dem restlichen Zucker (15 Gramm) schaumig schlagen und in die Reduktion rühren. Anschließend die Butterwürfel einmontieren. Die Gelatine 5 Minuten in kaltem Wasser einweichen, ausdrücken und ebenfalls in die noch warme Reduktion rühren. Anschließend die Eisgrundmasse über einem Eisbad kalt rühren und danach in der Eismaschine frieren lassen.

Zwetschgentarte

Alle Zutaten für den Mürbteig bis auf den Reis zu einem gleichmäßigen Teig verkneten und diesen zu einer Rolle formen. Die Teigrolle mit Frischhaltefolie umwickeln und kalt stellen.

5 Tartelettformen mit Butter ausstreichen und mit Mehl bestäuben. Den Teig auf einer mit Mehl bestäubten Arbeitsfläche ca. 3–4 Millimeter dick ausrollen und entsprechend der Größe der Tartelettformen ausstechen. Die Tartelettformen sorgfältig mit Teig auskleiden. Den Teigboden mit einem passend zugeschnittenen Stück Backpapier belegen und den Reis darauf verteilen. Die Tartelets bei 170 °C im vorgeheizten Backofen (Umluft) ca. 15 Minuten blindbacken. Anschließend den Reis und die Backpapierzuschnitte entfernen.

Die gehobelten Mandeln in einer beschichteten Pfanne ohne Fettzugabe goldbraun anrösten und zusammen mit der Sahne, dem Sauerrahm, den Eigelben, dem Zucker, dem Vanillepuddingpulver und dem Salz in einer Rührschüssel gut verrühren. Die Zwetschgen waschen, entsteinen und vierteln. Die Zwetschgenviertel dachziegelartig auf die Tarteböden schichten und mit der Mandel-Sahne-Mischung übergießen. Die Zwetschgentartes bei 170 °C im vorgeheizten Backofen (Umluft) ca. 20 Minuten fertig backen. Die fertigen Zwetschgentartes aus den Formen lösen.

Anrichten

Je 1 Tarte auf den vorbereiteten Tellern anrichten, mit Puderzucker bestäuben und nach Wunsch mit Minze garnieren. Eine Nocke Rotweineis danebensetzen.

Mandel-Nougat-Schokoladen-Crème-brûlée mit glasierten Feigen

FÜR 5 PERSONEN
Zubereitungszeit:
40 Min. + Kühlzeit
» *mittel*

Für die Mandel-Nougat-Schokoladen-Crème-brûlée

5 Eigelbe
40 g Kristallzucker
160 ml Vollmilch
160 g flüssige Sahne
1 TL Honig
70 g Mandel-Nougat-Schokolade
(z.B. von Toblerone)
etwas brauner Zucker

Für die glasierten Feigen

1 EL Puderzucker
30 ml Prosecco
15 g Butter
30 g Cassis-Püree
30 g Grenadinesirup
30 g Crème de Cassis
Abrieb von 1 Bio-Zitrone
100 g Himbeermark
1 Vanilleschote
1 Sternanis
2 Nelken
10 Feigen
Maisstärkemehl

Mandel-Nougat-Schokoladen-Crème-brûlée

Die Eigelbe und den Zucker schaumig rühren. Die Milch mit der Sahne und dem Honig in einem Topf erwärmen und die grob gehackte Schokolade darin schmelzen. Die Schokoladenmischung etwas abkühlen lassen und unter die Eiermasse rühren. Die Creme in feuerfeste Förmchen abfüllen und diese in eine ofenfeste Form mit hohem Rand stellen. Die Form bis etwa auf halbe Höhe der Cremeförmchen mit heißem Wasser füllen und bei 100 °C für ca. 20 Minuten in den vorgeheizten Backofen (Umluft) schieben. Die fertige Creme abkühlen lassen und bis zur Verwendung im Kühlschrank lagern.

Vor dem Servieren die Cremeoberfläche dünn mit braunem Zucker bestreuen und mit einem Küchenbunsenbrenner abflämmen, bis die Zuckerschicht goldbraun karamellisiert und knackig ist.

Glasierte Feigen

Den Puderzucker in einer Pfanne leicht karamellisieren lassen. Mit dem Prosecco ablöschen und die restlichen Zutaten bis auf die Feigen zugeben. Alles etwas reduzieren und gegebenenfalls mit etwas Stärkemehl abbinden. Die Sauce durch ein feines Sieb passieren und erkalten lassen. Die Feigen waschen, vierteln und in die Sauce legen. Das Ganze einmal durchmischen und etwas durchziehen lassen.

Anrichten

Die Mandel-Nougat-Schokoladen-Crème-brûlée auf die Teller verteilen und die glasierten Feigen dazu anrichten.

Grießknödel mit Nougatkern und Pflaumenmus

FÜR 4–5 PERSONEN
Zubereitungszeit:
1 Std. + Kühlzeit
» anspruchsvoll

Für die Grießknödel

1 Vanilleschote, 500 ml Vollmilch
120 g Butter
1 geh. EL Kristallzucker
1 geh. EL Vanillezucker
1 Prise Salz
125 g Weichweizengrieß, 2 Eier
Abrieb von ½ Bio-Zitrone
100 g dunkles Nougat

Für die Briochebrösel

150 g Butter, 1 EL Kristallzucker
1 EL Vanillezucker, 1 TL Honig
125 g Brioche vom Vortag,
** entrindet und grob gerieben**
80 g feines Panko (im Asialaden
** erhältlich)**
1 EL geschälte geriebene Mandeln
1 TL gehackte Walnüsse
Abrieb von ½ Bio-Zitrone
Abrieb von ½ Bio-Orange
1 TL gemahlener Zimt

Für das Pflaumenmus

500 g Pflaumen
150 g brauner Rohrzucker
100 ml trockener Rotwein
50 ml roter Traubensaft
50 ml Aceto balsamico
1 Zimtstange, 2 Sternanis
1 Vanilleschote, 1 TL Kakaopulver
1 TL Lebkuchengewürz
Maisstärkemehl

Zum Anrichten

Puderzucker

Grießknödel

Die Vanilleschote der Länge nach aufschlitzen, das Mark auskratzen und die Schote beiseitelegen. Die Milch mit der Butter, dem Zucker, dem Vanillezucker, dem Salz und dem Vanillemark aufkochen. Den Grieß unter ständigem Rühren einrieseln lassen und abbrennen. Anschließend die Grießmasse in eine Rührschüssel umfüllen und die Eier einzeln unterrühren. Nach dem Unterrühren des Zitronenabriebs die Grießmasse unter gelegentlichem Umrühren abkühlen lassen. Dann die Masse mit Frischhaltefolie abdecken und kalt stellen. Das Nougat in ca. 10 Gramm große Portionen zerteilen. Die kalte Grießmasse mit feuchten Händen zu 10 gleich großen Knödeln (Ø ca. 5 Zentimeter) formen. Dabei in die Mitte jedes Knödels eine Portion Nougat stecken, dabei sorgfältig darauf achten, dass das Nougatstück überall von Teig umhüllt ist. In einem großen Topf reichlich Wasser zum Kochen bringen und mit 1 gehäuften Teelöffel Salz und der ausgekratzten Vanilleschote würzen. Anschließend die Hitze reduzieren und die Grießknödel in das nur mehr leicht siedende Wasser gleiten lassen. Die Grießknödel ca. 12 Minuten ziehen lassen, dann mit einem Schaumlöffel aus dem Wasser heben und etwas abtropfen lassen.

Briochebrösel

Die Butter in einer beschichteten Pfanne aufschäumen lassen. Den Zucker, den Vanillezucker und den Honig unterrühren und auflösen. Anschließend die Briochebrösel, das Panko, die Mandeln und die Nüsse untermischen und unter ständigem Rühren goldbraun rösten. Die Briochebrösel in eine Schüssel umfüllen und mit dem Zitronen- und Orangenabrieb sowie dem Zimt würzen.

Pflaumenmus

Die Pflaumen waschen, entsteinen und vierteln. Den Rohrzucker mit 4–5 Esslöffel Wasser karamellisieren und dann mit dem Rotwein, dem Traubensaft und dem Balsamico ablöschen. Die Pflaumenviertel zusammen mit den Gewürzen zugeben und die Pflaumen bei mittlerer Hitze langsam verkochen. Sobald die Pflaumen an Konsistenz zu verlieren beginnen, die Gewürze sorgfältig wieder entfernen und die Pflaumen mit einem Stabmixer kurz pürieren.

Nach Belieben kann das Pflaumenmus mit etwas in kaltem Wasser angerührtem Stärkemehl gebunden werden. Danach sollte es aber nochmals ca. 5 Minuten köcheln.

Anrichten

Das Pflaumenmus auf den Tellern anrichten. Die fertigen Grießknödel sofort in den noch heißen Briochebröseln wenden und je 2 davon auf das Pflaumenmus setzen. Abschließend das Dessert noch mit Puderzucker bestäuben.

Bratquitte
mit Florentiner

FÜR 4 PERSONEN
Zubereitungszeit: 2 Std.

» *anspruchsvoll*

Für die Florentiner

250 g Butter
250 g Kristallzucker
100 g flüssige Sahne
80 g Honig
200 g gehackte Mandeln
200 g Mandelstifte
200 g Mandelblättchen
250 g gemahlene Mandeln
100 g dunkle Kuvertüre

Für die Bratquitte

4 kleine Quitten
40 g Butter
160 g brauner Zucker
2 Vanilleschoten
8 Sahnebonbons (z.B. Werther's
Original)

Florentiner

Alle Zutaten bis auf die Kuvertüre in einen Topf geben und zusammen aufkochen. Anschließend mit einem Esslöffel kleine Kleckse der Masse auf ein mit Backpapier ausgekleidetes Backblech setzen. Dabei darauf achten, dass dazwischen ausreichend Platz bleibt, da der Teig beim Backen etwas verläuft. Die Florentiner im auf 170 °C vorgeheizten Backofen (Umluft) ca. 7 Minuten backen. Die fertigen Florentiner aus dem Ofen nehmen und vollständig erkalten lassen. Dann die Kuvertüre über einem Wasserbad schmelzen und mithilfe eines Speisenthermometers auf die laut Packungsanleitung vorgeschriebene Temperatur bringen. Die Florentiner auf der Unterseite mit der Kuvertüre überziehen und umgedreht auf einem Kuchengitter trocknen lassen.

Bratquitte

Die Quitten waschen und gut trocken reiben. Mit einem stabilen Apfelausstecher das Kerngehäuse so ausstechen, dass eine Höhle entsteht. In die entstandene Höhle je 10 Gramm Butter, 1 Esslöffel braunen Zucker und ½ aufgeschlitzte Vanilleschote geben. Die Quittenschale mit einem Holz- oder Metallspieß mehrmals anstechen. Die Bonbons zerstoßen und mit dem restlichen Zucker vermischen. Die Bonbonmasse gut in die Bohrungen reiben. Anschließend die Quitten einzeln mit Alufolie umhüllen und auf ein Backblech legen. Die Quitten im auf 180 °C vorgeheizten Backofen (Umluft) je nach Größe in 60–80 Minuten weich braten.
 Vor dem Servieren die Bratquitten aus der Folie wickeln.

Anrichten

Die Quitten auf die vorbereiteten Teller legen und daneben einige Florentiner anrichten.

CHEESE CAKE BACKEN

CHEESE CAKE BACKEN MIT DEM BAR-KEEPER Wie bei vielen Köchen ist Backen nicht so mein Metier. Wenn wir nicht gerade zusätzlich Konditor oder Patissier gelernt haben, dann liegt uns der süße Bereich meist nicht so. Wahrscheinlich weil man sich da so genau an die Mengen der Zutaten halten muss. Dass ich kein so toller Bäcker bin, heißt aber nicht, dass ich Süßes nicht mag. Ganz besonders liebe ich echten New York Cheese Cake. Nun habe ich das Glück, nicht nur einen echten New Yorker zu kennen, sondern auch, dass dieser New Yorker ein super Bartender ist und seit zwei Jahren seine eigene Bar in München, das »Jaded Monkey«, hat. Wo hier der Zusammenhang mit dem Cheese Cake besteht? Das ist eine ganz einfache Geschichte: Bill Fehn ist gelernter Konditor und einer meiner besten Freunde. In dieser Funktion habe ich ihn kennengelernt, als wir beide im Königshof gearbeitet haben. Schon damals habe ich seinen Cheese Cake geliebt. Bill hat schließlich das Metier gewechselt: Inzwischen arbeitet er hinter der Bar. In der ersten Zeit von »Shanes Restaurant« bis zu seiner eigenen Selbstständigkeit leitete er unsere Bar. Auch in dieser Zeit und immer noch macht er uns von Zeit zu Zeit seinen legendären Cheese Cake. Bislang hat er mir das Rezept dazu allerdings nie verraten. Erst jetzt, für dieses Kochbuch, hat er es endlich rausgerückt. Gebacken haben wir gemeinsam.

Mit saisonalem Kochen hat das natürlich nicht unbedingt etwas zu tun. Aber manchmal muss man einfach flexibel sein. Der Cheese Cake spricht für sich und ist wirklich grandios. Probieren Sie ihn doch mal aus. Sie werden begeistert sein.

WINTER

Winter

Sellerie

Sellerie ist zu Unrecht lange nur als Suppengemüse verwendet worden. Dabei kann man ihn als Saft, gedünstet oder überbacken wunderbar variieren. Bei uns gibt es zwei Arten von Sellerie, den Knollensellerie und den grünen Stangensellerie. Bei Letzterem sollte man beim Einkauf darauf achten, dass er keine braunen Flecken oder Blätter hat. Vor der Verwendung muss man die Stielenden abschneiden, die einzelnen Stiele gut waschen und eventuell harte Fasern oder Fäden abziehen. Auf den Knollensellerie sollte man beim Kauf leicht mit dem Finger klopfen. Es darf dann nicht hohl klingen. Und übrigens: Wie so oft im Leben ist hier weniger gleich mehr, zu große Knollen sind meistens holzig. Knollensellerie muss vor dem Kochen geschält und sollte dann ganz schnell verarbeitet oder mit Zitrone eingerieben werden, weil er sonst sofort braun wird. Der Knollensellerie ist ein wichtiger Geschmacksträger für alle Saucen. Sehr klein gewürfelt ist er auch ideal für eine Vinaigrette. Und beim Staudensellerie ganz wichtig: Er hat wunderschöne, kleine, gelbe Blätter. Die nicht wegwerfen, man kann mit ihnen wunderbar garnieren. Lagern lassen sich beide Arten durchaus ein paar Tage. Besser wird er aber, wie jedes Gemüse, durch die Lagerung nicht.

Süßkartoffeln

Eigentlich mag es die Süßkartoffel richtig heiß. Schließlich stammt sie aus Südamerika und kam erst mit Christoph Kolumbus nach Europa. Aber da es bei uns ja nicht so viel frisches Gemüse im Winter gibt und die Süßkartoffel eine Ganzjahrespflanze ist, haben wir sie in den Winter genommen. Die rote Knolle mit dem orangefarbenen Fruchtfleisch hat übrigens rein botanisch nichts mit unserer normalen Kartoffel zu tun. Aber sie lässt sich genauso vielfältig zubereiten wie Kartoffeln und enthält noch viel mehr Nährstoffe. Zudem verträgt die Süßkartoffel Gewürze viel besser als normale Kartoffeln. Daher eignet sie sich auch gut zur Verwendung in asiatischen Gerichten, vom Tandoori Masalla bis zum Kaschmir-Curry. Ihr Eigengeschmack ist der einer leicht mehligen, aber – wie der Name schon sagt – sehr süßlichen Kartoffel. Beim Einkauf sollte man darauf achten, dass die Süßkartoffeln gleichmäßig gefärbt und fest sind. Obwohl sie sich rein optisch gut halten, verlieren sie nach ein bis zwei Wochen viele ihrer Nährstoffe und den größten Teil ihres Geschmacks. Und einen Kühlschrank brauchen sie definitiv nicht, ein trockener, normal temperierter Raum reicht.

Äpfel

Vor Kurzem habe ich gelesen, dass jeder Deutsche im Jahr über 30 Kilogramm Äpfel isst, roh als Snack oder im Salat, in Form von Saft oder im Kuchen, als Apfelmus oder, oder, oder. Äpfel kann man wirklich super vielfältig einsetzen, weil sie so eine schöne Säure-Süße-Balance haben. Früher waren Äpfel eine wichtige Vitaminquelle im Winter. Denn heute findet man sie zwar das ganze Jahr über in jedem Obsthandel, aber es gab schon immer Winteräpfel, sogenannte Lagersorten, aus heimischem Anbau. Diese werden erst nach ihrer Ernte im Oktober oder November und einer gewissen Lagerzeit wirklich genießbar. Am besten schmecken sie dann ab Dezember oder Januar, sie können aber auch bis März oder April, manche sogar bis in den Juni hinein gelagert werden. Auch einige Herbstapfelsorten halten sich übrigens bis in den März. Beim Kauf sollte man im Winter also sehr auf das Herkunftsland achten. Bei der Lagerung muss man wissen, dass Äpfel nicht nur selbst nachreifen, sondern dabei auch ein Hormon abgeben, das anderes Obst und Gemüse schneller reifen oder eben welken lässt. Daher Äpfel besser gesondert aufbewahren und gerne möglichst kühl (etwa sieben Grad mögen sie gerne). Ein kleiner Tipp: Wenn man eine Käseplatte aufheben möchte, sollte man ein kleines Stück Apfel mit unter die Käseglocke legen, so trocknet der Käse nicht aus.

Kumquats

Wirklich reife Kumquats sind tolle Früchtchen. Obwohl sie, wie ich zugeben muss, wirklich nicht aus der Region stammen – sondern ursprünglich aus China und heute vor allem aus Asien, Afrika, Nord- und Südamerika und einigen Mittelmeerländern –, sind diese Miniorangen so interessant, dass ich nicht auf sie verzichten möchte. Ihre Hauptsaison ist der Winter. Obwohl sie aussehen wie kleine Orangen, haben sie rein botanisch mit den großen echten Orangen nichts zu tun. Ihren Geschmack würde ich allerdings schon bei den Zitrusfrüchten einordnen. Das Fruchtfleisch schmeckt süß-säuerlich, die Schale, die man essen kann, ist herb, vergleichbar mit Orangeat. Beim Kauf sollten die Früchte fest, glänzend und glatt sein, sonst sind sie innen bereits vertrocknet. Was die Kumquats so besonders macht, ist wieder einmal ihre Vielseitigkeit, vom Aroma in Saucen über eine bitter-süße Zutat in Salaten bis als eingekochte oder rohe Frucht in Desserts. Zwei kleine Tipps: Wenn man sie gart, immer halbieren. Dann schmecken sie zum Beispiel super zur Ente – das liebe ich persönlich. Und: Sollten sie bitter schmecken, einfach zwei Stunden in lauwarmes Wasser legen, das zieht die Bitterstoffe raus. Bei kühler Lagerung sind Kumquats drei bis vier Wochen haltbar. Man kann sie aber auch gut einfrieren.

Zwiebeln

Auch die gute alte Zwiebel wurde nicht schon immer in unserer Region angebaut. Sie stammt aus Zentralasien. Heute würde ich schätzen, dass Zwiebeln in mindestens jedem zweiten Gericht deutscher Hausmannskost vorkommen. Und auch bei mir gehören Zwiebeln natürlich zum Standard. Wobei es große Unterschiede in Form, Farbe und Geschmack gibt. Wenn man von Zwiebel spricht, denkt man zunächst an die klassische braune Zwiebel, die relativ scharf im Geschmack ist und besser sautiert oder gedünstet werden sollte. Die roten Zwiebeln sind etwas milder und eignen sich damit eher, roh gegessen zu werden. Weiße Zwiebeln sind sogar leicht süßlich und lassen sich sehr gut im Ganzen schmoren oder grillen. Die dicken Gemüsezwiebeln sind noch ein Stück milder, und man kann sie wunderbar füllen. Ich liebe natürlich vor allem Schalotten, bei denen sich unter der Haut einzelne Zehen befinden. Vor allem haben Schalotten zwar einen kräftigen Geschmack, sind aber nicht scharf. Frühlingszwiebeln, die auch Lauchzwiebeln genannt werden, gehören für mich in eine andere Kategorie. Für alle oben genannten Zwiebeln gilt beim Kauf: Sie müssen absolut trocken sein und dürfen noch keine Triebe haben. Lagern sollte man sie trocken, dunkel und luftig, dann halten sie sich einige Wochen (weiße Zwiebeln) bis zu sechs Monate (braune). Nur die roten sollten schneller verzehrt werden. Schalotten lieben es zwar deutlich kühler (auf alle Fälle unter 8 °C) und feucht (Gemüsefach des Kühlschranks), dann halten sie aber bis zu einem Jahr – wenn es sein muss.

Schwarzwurzeln

Oft werden Schwarzwurzeln auch als Winterspargel bezeichnet. Das finde ich grundfalsch. Zwar ist sie wirklich eines der klassischen Wintergemüse und geschält sind es lange, weiße Stangen, aber sie haben einen ganz eigenen Geschmackscharakter. Wenn man sie frisch kauft, sind die Stangen, die bis zu 30 Zentimeter lang sein können, dunkelbraun und erdig. Deswegen muss man sie auch – noch vor dem Schälen – gründlich waschen. Aber bitte mit Handschuhen, denn aus den Schwarzwurzeln tritt eine Art klebrige Milch aus, die Hände nicht nur verklebt, sondern sie auch verfärbt. Das Austreten dieser milchigen Flüssigkeit an Schnittstellen ist aber auch ein Zeichen für absolute Frische. Geschmacklich sind Schwarzwurzeln vielleicht am besten als eine Mischung aus Pastinaken, Kartoffeln und Spargel mit nussiger Note zu beschreiben. Ich mache im Winter sehr viel mit Schwarzwurzeln. Klassisch verwende ich sie natürlich in Suppen oder im Risotto. Wenn man dann noch ein bisschen Wintertrüffel darübergibt – ein Traum. Sie sind aber auch tolle Fleischbegleiter, zusammen mit Herbsttrompeten zum Beispiel großartig zum Wild. Lagern sollte man Schwarzwurzeln locker in ein Tuch oder in Frischhaltefolie eingewickelt im Gemüsefach des Kühlschranks (bis zu zwei Wochen).

Maronencremesuppe mit Prosciutto

Für die Maronencremesuppe

1 weiße Zwiebel
50 g Butter
2 Stangen Staudensellerie
100 ml roter Portwein
100 ml Madeira
250 g vorgegarte Maronen
3 Zweige Thymian
1 Zweig Rosmarin
einige Petersilienstängel
1 EL frisch gepresster Zitronensaft
3 Scheiben Prosciutto
1 Granny-Smith-Apfel
1 l Geflügelbrühe (siehe Seite 184)
Salz
500 g flüssige Sahne
500 ml Kokosmilch

Zum Anrichten

4 Scheiben Prosciutto
gelbe Blätter vom Staudensellerie

Maronencremesuppe

Die Zwiebel abziehen und in feine Streifen schneiden. Dann die Butter in einem Topf leicht bräunen und die Zwiebelstreifen darin ca. 5 Minuten andünsten. Den Staudensellerie waschen, putzen, in feine Scheiben schneiden und ebenfalls andünsten. Anschließend mit dem Portwein und dem Madeira ablöschen und die Flüssigkeit um ca. die Hälfte reduzieren.

Die Maronen, die Kräuter, den Zitronensaft und den Prosciutto zufügen. Den Apfel schälen, ohne Kerngehäuse in Würfel schneiden und ebenfalls in den Topf geben. Mit der Geflügelbrühe auffüllen und mit Salz abschmecken. Die Suppe 15 Minuten köcheln lassen. Die Flüssigkeit sollte um ca. die Hälfte reduzieren.

Danach die Sahne sowie die Kokosmilch zufügen und alles zusammen nochmals aufkochen. Die Suppe kurz mit einem Stabmixer pürieren und durch ein feines Sieb wieder in einen Topf passieren. Die Maronencremesuppe nochmals aufkochen und abschmecken. Vor dem Servieren die Suppe mit einem Stabmixer sehr gut aufschäumen.

Anrichten

Die Suppe vorsichtig in vorgewärmte tiefe Teller schöpfen, 1 Scheibe Prosciutto darüberlegen und mit den Staudensellerieblättchen garnieren.

 Die Maronencremesuppe kann nach Belieben als Variation auch noch mit einem Teelöffel Honig oder mit einigen Tropfen Rotweinjus abgeschmeckt werden.

Rotkohl-Granatapfel-Salat mit gegrilltem Oktopus

FÜR 4 PERSONEN
Zubereitungszeit: 30 Min. + Marinierzeit + 6 Std. Sous-vide-Garen

» anspruchsvoll

Für den gegrillten Oktopus

600 g frischer, küchenfertiger Oktopus
1 Tomate
1 Knoblauchzehe
1 Zweig Rosmarin
1 Zweig Thymian
2 Tropfen Tabascosauce
1 Prise Fleur de Sel
1 EL Olivenöl

Für den Rotkohl-Granatapfel-Salat

250 g Rotkohl
1 Granatapfel
2 EL Champagneressig
2 EL Sushi-Essig
50 ml Granatapfelsirup
1 EL Crème de Cassis
1 Prise Salz
1 TL Worcestershiresauce
1 TL helle Sojasauce
1 EL Kristallzucker
1 EL neutrales Pflanzenöl

Zum Anrichten

lang gereifter Aceto balsamico tradizionale

Gegrillter Oktopus

Den Oktopus waschen, trocknen und in einen ausreichend großen Vakuumbeutel stecken. Die Tomate waschen, halbieren, Knoblauchzehe abziehen und beides zusammen mit den restlichen Zutaten ebenfalls in den Beutel füllen.

Den Beutel gut vakuumieren und für 6 Stunden in ein auf 85 °C vorgeheiztes Wasserbad geben. Anschließend den Beutel öffnen und die Tentakeln abschneiden. Vor dem Servieren die Tentakel kurz auf den heißen Grill oder in eine heiße Grillpfanne legen und kross anbraten.

Rotkohl-Granatapfel-Salat

Den Rotkohl putzen, den Strunk entfernen und den Rotkohl sehr fein schneiden oder hobeln. Den Granatapfel halbieren und die Kerne auslösen. Den Rotkohl und die Granatapfelkerne mischen.

Aus den restlichen Zutaten bis auf das Öl in einem kleinen Rührbecher eine Marinade herstellen und über den Rotkohl gießen. Alles gut vermischen und in einen Vakuumbeutel füllen. Den Rotkohl-Granatapfel-Salat flächig im Beutel verteilen und gut vakuumieren. Den Beutel anschließend ca. 3 Stunden gekühlt lagern. Danach den Beutel öffnen, den Inhalt in eine Schüssel umfüllen. Den Rotkohl-Granatapfel-Salat mit dem Pflanzenöl vermischen und nochmals abschmecken.

Anrichten

Auf den vorbereiteten Tellern ein Bett aus Rotkohl-Granatapfel-Salat anrichten und den gegrillten Oktopus darauflegen. Abschließend einige Tropfen Aceto balsamico tradizionale darüberträufeln.

 Beim hier angewandten Sous-vide-Garverfahren muss man grundsätzlich darauf achten, dass harte oder spitze Anteile so verpackt werden, dass sie während des Vakuumierens den Vakuumbeutel nicht perforieren. Spitze Enden von Kräuterzweigen können z.B. in die Knoblauchzehe oder den Oktopus gesteckt werden.

Winterspargel (Schwarzwurzeln) in der Folie gegart mit gerösteten Pinienkernen und Mandeln

FÜR 4 PERSONEN
Zubereitungszeit: 45 Min.

» *mittel*

Für den Winterspargel

6 Stangen Schwarzwurzeln
100 ml Vollmilch
frisch gepresster Saft von ½ Zitrone
50 ml Geflügelbrühe (siehe
   Seite 184)
20 ml weißer Portwein
1 Prise Salz
40 g Butter
5 Zweige Zitronenthymian
4 Blatt Alufolie (ca. 20 x 20 cm)
4 Blatt Pergamentpapier
   (ca. 20 x 20 cm)
30 g Pinienkerne
10 g Mandelblättchen

Zum Anrichten

einige Kerbelblätter

Winterspargel

Die Schwarzwurzeln mit einer Gemüsebürste gut abschrubben. Vor dem Schälen unbedingt Handschuhe anziehen, da Schwarzwurzeln sehr stark färben. Die geschälten Schwarzwurzeln in Stücke von 10–12 Zentimeter Länge zuschneiden. (Idealerweise sollte eine durch 4 teilbare Anzahl entstehen.) Die Schwarzwurzeln anschließend sofort in eine Schale mit der Milch, 100 Milliliter Wasser und 1 Spritzer Zitronensaft geben (Schwarzwurzeln verfärben sich sonst sofort, sobald sie geschält sind).

Die Geflügelbrühe, den Portwein, den restlichen Zitronensaft, das Salz, die Butter und den Zitronenthymian in einen Topf geben und alles zusammen einmal aufkochen. Die Marinade dann durch ein feines Sieb passieren.

Die Alufolienblätter auf der Arbeitsfläche auslegen und je 1 Blatt Pergamentpapier darauflegen. Die Schwarzwurzelstücke gleichmäßig auf die Unterlagen verteilen. Die Seitenränder der Unterlagen hochklappen und schiffchenartig formen, dabei darauf achten, dass die Beutel nicht ganz verschlossen sind. Die Marinade gleichmäßig auf die Beutel verteilen und die Beutel auf ein Backblech setzen. Die Schwarzwurzeln im auf 200 °C vorgeheizten Backofen (Umluft) ca. 20 Minuten garen.

Die Pinienkerne und die Mandelblätter in einer Pfanne ohne Fettzugabe leicht anrösten.

Anrichten

Vor dem Servieren die Öffnung der Beutel etwas erweitern und die Beutel auf die vorbereiteten Teller legen. Die gerösteten Pinienkerne und Mandelblättchen darüberstreuen und mit den Kerbelblättern garnieren.

Sellerie-Apfel-Cremesuppe mit Wintertrüffel

FÜR 4 PERSONEN
Zubereitungszeit: 1 Std.

» mittel

Für die Sellerie-Apfel-Cremesuppe

500 g Knollensellerie
1 weiße Zwiebel
2 Äpfel (Golden Delicious)
50 g Butter
5 frische Champignons
100 ml trockener Weißwein
50 ml Wermut (z.B. Noilly Prat)
1½ l Geflügelbrühe (siehe Seite 184)
1 kg flüssige Sahne
einige Tropfen frisch gepresster Zitronensaft
20 g Nussbutter

Für die Portwein-Madeira-Reduktion

25 ml roter Portwein
25 ml Madeira
1 TL eiskalte Butter

Zum Anrichten

Wintertrüffel
Brunnenkresse

Sellerie-Apfel-Cremesuppe

Den Sellerie schälen und in grobe Stücke schneiden. Die Zwiebel abziehen und fein würfeln. Die Äpfel schälen, das Kerngehäuse entfernen und das Fruchtfleisch in Scheiben schneiden. Die Butter in einem Topf leicht braun werden lassen und die Zwiebelwürfel darin anschwitzen. Die Selleriewürfel, die Apfelscheiben und die Pilze zugeben und ebenfalls etwas anschwitzen. Mit dem Wein und dem Wermut ablöschen und den Alkohol etwas einkochen lassen.

Mit der Geflügelbrühe und der Sahne aufgießen, den Zitronensaft zufügen und den Sellerie sehr weich kochen lassen (ca. 30 Minuten). Danach die Nussbutter zufügen und unterrühren. Die Suppe mit einem Stabmixer pürieren und durch ein feines Sieb passieren. Die Sellerie-Apfel-Cremesuppe nochmals abschmecken und vor dem Servieren gut mit einem Stabmixer aufschäumen.

Portwein-Madeira-Reduktion

Den Portwein und den Madeira in einem kleinen Topf erhitzen und auf ca. die Hälfte des Volumens reduzieren. Anschließend die kalte Butter einmontieren.

Anrichten

Die Sellerie-Apfel-Cremesuppe in vorgewärmte tiefe Teller schöpfen. Mit einem Teelöffel einige Tropfen Portwein-Madeira-Reduktion darüberträufeln und einige Scheiben Wintertrüffel darüberhobeln. Abschließend mit der Brunnenkresse garnieren.

 Zur Herstellung von Nussbutter ca. 100 Gramm Butter in einer Sauteuse schmelzen und bei mittlerer Hitze bräunen. Die gebräunte Butter durch ein Tuch passieren. In einem fest verschlossenen Glas kann Nussbutter gekühlt bis zu 2 Wochen aufbewahrt werden.

Rote-Bete-Ingwer-Tatar mit gegrillter Makrele und Avocadocreme

FÜR 4 PERSONEN
Zubereitungszeit:
1 ½ Std. + Temperierzeit
» *mittel*

Für das Rote-Bete-Ingwer-Tatar

4 Knollen Rote Bete
1 TL Kümmelsamen
grobes Meersalz
2 EL Yuzu-Dressing (siehe
   Seite 185)
2 EL Sojasauce
1 EL Ingwersirup
1 EL neutrales Pflanzenöl
1 Prise Fünf-Gewürze-Pulver
1 EL eingelegter Sushi-Ingwer

Für die gegrillte Makrele

4 küchenfertige Makrelenfilets
1 EL Teriyakisauce
Salz

Für die Avocadocreme

1 reife Avocado (z.B. Hass)
5 Stängel Koriander
1 TL Tomatenvinaigrette
   (siehe Seite 185)
Saft von ¼ Zitrone
½ TL Wasabipaste

Rote-Bete-Ingwer-Tatar

Die Rote-Bete-Knollen einzeln mit einigen Kümmelsamen und 1 Prise Salz in Alufolie verpacken und im auf 200 °C vorgeheizten Backofen (Umluft) 45–60 Minuten garen. (Es empfiehlt sich, auf alle Fälle eine Garprobe zu machen, da die Knollen je nach Größe unterschiedlich lange benötigen. Dazu werden die Knollen mit einem spitzen Messer angestochen. Das Messer sollte sehr leicht in die Knolle gleiten und am besten ist es, wenn nach dem Herausziehen Saftspuren am Messer sind.) Die Rote Bete etwas abkühlen lassen und schälen. (Am einfachsten geht das, wenn zum Schutz vor Verfärbungen Handschuhe verwendet werden, denn die Schale kann auch einfach abgerieben werden.) Anschließend die Rote Bete fein würfeln und in eine Schüssel geben.

Die restlichen Zutaten in einer kleinen Schale gut miteinander vermischen, dabei den Sushi-Ingwer gut ausdrücken und fein hacken. Die Marinade dann über die Rote Bete gießen, alles vorsichtig vermischen und durchziehen lassen.

Gegrillte Makrele

Die Makrelenfilets ca. 1 Stunde vor der Verwendung aus dem Kühlschrank nehmen und temperieren. Die Hautseite leicht mit der Teriyakisauce bestreichen. Die Fleischseite leicht salzen. Dann die Makrelenfilets mit der Hautseite nach unten auf ein mit Backpapier ausgelegtes Backblech legen und im vorgeheizten Backofen bei Grillstufe auf der obersten Einschubschiene 3–5 Minuten grillen.

Avocadocreme

Die Avocado halbieren und den Kern entfernen. Anschließend vorsichtig die äußere braune Haut abziehen, so kann man die direkt unter der Außenhaut gelegene besonders nährstoffreiche Schicht schonen. Die Korianderblätter abzupfen. Das Avocadofruchtfleisch und die Korianderblätter zusammen mit den restlichen Zutaten in eine Küchenmaschine (z.B. Thermomix) geben und alles sehr fein pürieren. Es kann auch ein Standmixer verwendet werden, dann sollte die Creme aber auf alle Fälle nochmals durch ein feines Sieb gestrichen werden.

Anrichten

Auf jedem Teller 1 Esslöffel Avocadocreme ausstreichen. Quer dazu einen breiten Streifen Rote-Bete-Tatar anrichten. Das gegrillte Makrelenfilet darüberlegen.

FISCHZUCHT BIRNBAUM

FISCHZUCHT BIRNBAUM Die Fischzucht Birnbaum wollte ich lange Jahre als Lieferant haben. Sie züchten wahnsinnig schöne und gute Fische, die qualitativ absolut top sind. Die Räucheraale sind die besten Aale, die ich je gegessen habe. Dabei dachte ich früher immer, die besten Aale kämen aus Irland. Als ich auf Sylt gearbeitet habe, gab es dort auch wirklich gute Aale. Die von Birnbaum sind aber einfach besser. Das gilt auch für seine Bachforellen, seine Saiblinge und seine Huchen. Manchmal kaufe ich im Winter ein oder zwei der wirklich sehr teuren, weil so seltenen Huchen für spezielle Gäste, von denen ich weiß, dass sie das zu schätzen wissen. Nicolai Birnbaum ist auch menschlich ein toller Typ. Er kommt persönlich zur Lieferung, immer mit seinem riesigen runden Hut auf dem Kopf. Ihn kannte ich schon, als ich noch in anderen Restaurants gearbeitet habe. Die wirklich guten Lieferanten sind auch unter den Kollegen bekannt. All diese Lieferanten, die gleichzeitig Produzenten sind, bieten nur saisonale Ware. Da gerät man gar nicht in Versuchung, etwas außerhalb der Saison, womöglich tiefgekühlt, zu kaufen. Aus Polting kommt kein Reh, wenn Rehe gerade nicht geschossen werden. Von Birnbaum bekomme ich auch nur dann bestimmte Fische, wenn es für diese Art gerade passt. Zum Beispiel hat er einen sensationellen Saiblingskaviar. Den gibt es aber nur im Herbst.

Was für mich bei der Fischzucht Birnbaum auch ganz wichtig ist: Ich gebe meine Bestellung an einem Montag auf. Das ist mein Ruhetag, doch ich muss die Ware für Mittwoch bestellen. Bei Birnbaum bestelle ich aber nicht nur einfach eine Gesamtmenge, sondern ich kann sagen: »Bitte schlachten Sie heute so und so viele Fische und die restlichen erst am Mittwoch morgen kurz vor der Lieferung.« So liefert er mir Fische, die ich am Mittwoch, spätestens am Donnerstag schon verwenden kann (Fische verwendet man nicht direkt nach der Schlachtung, dann sind sie noch steinhart), und zusätzlich frisch geschlachtete, die noch eine Woche haltbar sind. So bleiben mir sicher keine Reste.

Skrei (Winterkabeljau) in Kombusud mit Sobanudeln

FÜR 4 PERSONEN
Zubereitungszeit:
1 Std. + Temperierzeit
» mittel

Für den Kombusud

2 Blätter getrocknete Kombu
100 ml helle Sojasauce
50 ml Mirin (Reiswein)
50 ml Sushi-Essig
1 Handvoll Bonitoflocken (Katsuo-
bushi)
1 EL Dashi-Pulver
(z. B. von Shimaya)

Für den Skrei

800 g Skrei (Winterkabeljau), mit
Haut und ohne Gräten
Salz
2 EL neutrales Pflanzenöl

Für die Sobanudeln

1 Rolle Sobanudeln (ca. 30 g)
Salz

Für den Spinat

2 Frühlingszwiebeln
1 Knoblauchzehe
1 EL Butter
4 Handvoll junge Spinatblätter
1 EL Teriyakisauce

Zum Anrichten

2 EL geröstete weiße Sesamsaat
Korianderblätter

Kombusud

Die Kombublätter in 1 Liter Wasser aufkochen und ca. 30 Minuten leicht köcheln lassen. Anschließend die Sojasauce, den Mirin, den Sushi-Essig und die Bonitoflocken zugeben, alles gut vermischen und 15 Minuten offen köcheln lassen. Anschließend den Sud durch ein feines Sieb passieren, wieder in einen Topf füllen und nochmals aufkochen. Das Dashi-Pulver unterrühren und nochmals abschmecken.

Skrei

Den Skrei etwa 2 Stunden vor der Weiterverarbeitung aus dem Kühlschrank nehmen und temperieren. Den Fisch in 4 Tranchen schneiden und diese auf der Fleischseite leicht salzen. Das Öl in einer feuerfesten Pfanne erhitzen und die Fischtranchen auf der Hautseite anbraten. Die Pfanne für 3 Minuten in den auf 180 °C vorgeheizten Backofen (Umluft) stellen.

Sobanudeln

Die Sobanudeln ca. 4 Minuten oder entsprechend den Hinweisen auf der Packung in reichlich kochendem Salzwasser garen. Anschließend abgießen und gut abtropfen lassen.

Spinat

Die Frühlingszwiebeln waschen, dann die weißen Anteile in feine Ringe schneiden. Die Knoblauchzehe abziehen und mit der breiten Seite einer Messerklinge andrücken. Die Butter in einer Pfanne erhitzen und die Frühlingszwiebelringe sowie den Knoblauch darin anschwitzen. Die gewaschenen und gut abgetropften Spinatblätter in der Pfanne zusammenfallen lassen. Den Spinat mit der Teriyakisauce würzen.

Anrichten

Die Sobanudeln auf vorgewärmte tiefe Teller verteilen. Den Spinat auf den Nudeln anrichten und den Skrei mit der Hautseite nach oben darauf anrichten. Den Kombusud auf die Teller verteilen. Abschließend mit der Sesamsaat und den Korianderblättern garnieren.

 Kombu oder Konbu ist eine dunkelbraune bis dunkelgrüne Braunalge, die weltweit in klaren, kalten Gewässern wächst. Meist erhält man getrockneten Kombu aus Japan. Ich verwende am liebsten Kombu-Algen von der Nordinsel Japans, Hokkaido.

Geschmorte Ochsenschulter und Flower-Sprout-Rosenkohl mit Äpfeln

FÜR 4 PERSONEN
Zubereitungszeit:
4,5–6,5 Std. + Temperierzeit

» mittel

Für die geschmorte Ochsenschulter (reicht für 10–12 Personen)

1 Ochsenschulter (ohne Knochen, 2–2,5 kg)
Salz
frisch gemahlener schwarzer Pfeffer
1 EL Mehl Type 405
3 EL neutrales Pflanzenöl
2 rote Zwiebeln
2 weiße Zwiebeln
½ Knolle Knollensellerie
1 Karotte
3 Stangen Staudensellerie
1 gehäufter EL Tomatenmark
250 ml trockener Rotwein
200 ml Madeira
100 ml roter Portwein
grobes Meersalz
½ Bund Thymian
4 Zweige Rosmarin
7 Wacholderbeeren
5 Pimentkörner
1 Lorbeerblatt (am besten frisch)
4 angequetschte Knoblauchzehen
1 EL Kristallzucker
4 EL Aceto balsamico
ca. 300 ml Rote-Bete-Saft
etwas Stärkemehl

Geschmorte Ochsenschulter

Die Ochsenschulter einige Stunden vor der Verwendung aus dem Kühlschrank nehmen und temperieren. Dann die Ochsenschulter sauber parieren. Mit Salz und Pfeffer würzen und leicht mehlieren. Das Öl in einer großen Pfanne erhitzen, das Fleisch darin gut anbraten, dann herausnehmen und beiseitelegen.

Die Zwiebeln, den Knollensellerie und die Karotte schälen und in grobe Würfel schneiden. Den Staudensellerie putzen und in Scheiben schneiden. Das Wurzelgemüse in der Pfanne gut anbraten (gegebenenfalls noch etwas Öl zugeben). Das Tomatenmark zufügen und ebenfalls gut anrösten. Mit etwa einem Viertel des Rotweins ablöschen und sirupartig einkochen. Diesen Vorgang wiederholen, bis der Wein aufgebraucht ist. Anschließend den Madeira angießen und wieder etwas reduzieren. Abschließend den Portwein aufgießen und ebenfalls leicht reduzieren.

Das Fleisch auf das Wurzelgemüse legen. Anschließend mit etwas Salz würzen und ein Gewürzsäckchen mit den verschiedenen Kräutern und dem Knoblauch in die Sauce legen. Mit kaltem Wasser aufgießen, bis das Fleisch leicht mit Flüssigkeit bedeckt ist. Die Ochsenschulter kann zugedeckt entweder 5–6 Stunden im auf 185 °C vorgeheizten Backofen (Umluft) geschmort werden, oder man lässt sie 4–5 Stunden zugedeckt auf dem Herd leicht köcheln. (Garprobe: Ein spitzes Messer oder eine Gabel sollte sich sehr leicht in das Fleisch drücken lassen.) Anschließend das Fleisch aus der Sauce nehmen und mit etwas Frischhaltefolie bedeckt im Kühlschrank gut auskühlen lassen.

Die Sauce durch ein feines Sieb passieren. Den Zucker in einem Topf leicht karamellisieren, mit dem Aceto balsamico ablöschen und etwas reduzieren. Mit dem Rote-Bete-Saft aufgießen und die Flüssigkeit um etwa 50 Prozent reduzieren. Anschließend die passierte Sauce aufgießen und nochmals um die Hälfte reduzieren. Dann die Sauce mit etwas Stärkemehl binden und anschließend nochmals ca. 5 Minuten gut durchkochen lassen.

Vor dem Servieren das Fleisch in dünne Scheiben schneiden und diese langsam in der Sauce erwärmen.

Die Fleischmenge wurde hier sehr üppig bemessen. Man kann natürlich auch eine kleinere Menge Fleisch für dieses Gericht nehmen und die Mengen der anderen Zutaten entsprechend anpassen. Allerdings eignet sich dieses Gericht auch wunderbar für Kochen auf Vorrat. Das fertig geschmorte Fleisch kann z.B. vakuumiert ca. 2 Wochen im Kühlschrank gelagert werden. Oder man friert das Fleisch zusammen mit etwas Sauce ein.

Bei Flower-Sprout-Rosenkohl handelt es sich um eine in traditioneller Hybridzüchtung entstandene Kreuzung aus Rosenkohl und Grünkohl. Er ist in den Farbvarianten grün und lila erhältlich. Der Geschmack ist mild-nussig, und die Zubereitung ist sehr schnell und einfach.

Für den Flower-Sprout-Rosenkohl mit Äpfeln

1 Handvoll grüner Flower-Sprout-Rosenkohl
1 Handvoll lila Flower-Sprout-Rosenkohl
Salz
2 Granny-Smith-Äpfel
1 EL Butter
1 EL neutrales Pflanzenöl

Zum Anrichten

4 Scheiben Lardo

Flower-Sprout-Rosenkohl mit Äpfeln

Die Flower Sprouts waschen und putzen. Dabei gegebenenfalls verholzte Teile am Stielansatz abschneiden. Reichlich Salzwasser zum Kochen bringen und die Flower Sprouts darin ca. 3 Minuten blanchieren. Anschließend die Flower Sprouts in Eiswasser abschrecken und abgießen. Die Äpfel schälen, achteln und das Kerngehäuse so entfernen, dass Halbmonde entstehen.

Die Butter und das Öl in einer Pfanne erhitzen. Sobald die Butter aufschäumt, die Apfelhalbmonde zufügen und kurz anbraten. Die gut abgetropften Flower Sprouts zugeben, nochmals gut durchschwenken und mit etwas Salz abschmecken.

Anrichten

Jeweils 2 Scheiben Fleisch auf die vorgewärmten Teller legen und etwas Sauce angießen. Daneben die Flower Sprouts mit Äpfeln anrichten und mit je 1 Scheibe Lardo bedecken.

Flanksteak auf roten Linsen und marinierter Mango

FÜR 4 PERSONEN
Zubereitungszeit:
45 Min. + Temperierzeit
» mittel

Für das Flanksteak

800 g Flanksteak
Salz
frisch gemahlener schwarzer Pfeffer
2 EL neutrales Pflanzenöl

Für die roten Linsen

200 g rote Linsen
1 rote Zwiebel
2 EL neutrales Pflanzenöl
100 ml Tomatenwasser
  (siehe Seite 184)
2 Scheiben frischer Ingwer
1 Knoblauchzehe
1 Prise Kurkuma
50 ml Sweet-Chili-Sauce

Für die marinierte Mango

½ reife Mango
einige Zesten von 1 Bio-Zitrone
einige Zesten von 1 Bio-Orange
2 Minzblätter
4 Korianderblätter
2 Tropfen Sesamöl
4–5 Tropfen Tabascosauce

Flanksteak

Das Fleisch etwa 2 Stunden vor der Weiterverarbeitung aus dem Kühlschrank nehmen und temperieren. Das Fleisch auf beiden Seiten mit Salz und Pfeffer würzen. Das Öl in einer feuerfesten Pfanne erhitzen und das Flanksteak darin unter wiederholtem Wenden gut anbraten (pro Seite in Summe 1–2 Minuten). Anschließend die Pfanne für ca. 30 Minuten in den auf 80 °C vorgeheizten Backofen (Umluft) stellen. Vor dem Servieren das Flanksteak schräg in Tranchen schneiden.

Alternativ kann das Flanksteak auch im Sous-vide-Verfahren gegart werden. Dazu das Flanksteak leicht würzen, vakuumieren und in einem auf 56 °C vorgeheizten Wasserbad 5 Stunden garen. Anschließend das Fleisch aus dem Beutel nehmen, gut trocken tupfen und in einer sehr heißen Pfanne auf beiden Seiten scharf anbraten. Vor dem Aufschneiden in Tranchen Flanksteak noch ca. 10 Minuten im 80 °C vorgeheizten Backofen (Umluft) ruhen lassen.

Rote Linsen

Die roten Linsen in kochendem Wasser (ohne Salz!) ca. 6 Minuten oder entsprechend der Packungsanweisung kochen. Anschließend die Linsen abgießen, gut abtropfen und gut auskühlen lassen. Die Zwiebel abziehen und in feine Spalten schneiden. Das Öl in einem Topf erhitzen und die Zwiebelspalten darin leicht anrösten. Dann mit dem Tomatenwasser ablöschen. Den geschälten Ingwer, die abgezogene und angedrückte Knoblauchzehe, die Kurkuma und die Sweet-Chili-Sauce zufügen und gut vermischen. Den Sud köcheln lassen, bis die Flüssigkeit um ca. die Hälfte eingekocht ist. Den Ingwer und den Knoblauch entfernen und die Linsen in den Sud rühren.

Marinierte Mango

Die Mango schälen und den Kern entfernen. Das Fruchtfleisch in kleine Würfel schneiden und in eine Schale füllen. Die Zitronen- und Orangenzesten zufügen. Die Minz- und Korianderblätter in feine Julienne schneiden und ebenfalls zu den Mangowürfeln geben. Mit dem Sesamöl und der Tabascosauce würzen und vorsichtig vermischen. Die marinierte Mango vor dem Servieren noch ca. 15 Minuten durchziehen lassen.

Anrichten

Die roten Linsen auf den vorgewärmten Tellern als Bett anrichten. Die Fleischtranchen darauflegen und einige marinierte Mangowürfel darauf verteilen.

 Beim Sous-vide-Verfahren muss grundsätzlich beachtet werden, dass von allen Zutaten, die würzen oder aromatisieren sollen – z.B. Knoblauch, Kräuter, Salz, Pfeffer, Olivenöl – immer nur die halbe Menge, die bei traditionellen Garmethoden Verwendung finden würde, notwendig ist.

Rote-Bete-Risotto

FÜR 4 PERSONEN
Zubereitungszeit: 1 Std.

» *mittel*

Für die Rote Bete

2 Knollen Rote Bete
Kümmelsamen
Salz

Für den Rote-Bete-Risotto

1 l Geflügelbrühe (siehe Seite 184)
1 l Rote-Bete-Saft
1 EL Sumach
100 ml Perilla-Dressing (im gut
**   sortierten Asialaden erhältlich)**
1 Schalotte
1 Knoblauchzehe
4 EL Olivenöl
250 g Risottoreis (z.B. Vialone
**   nano)**
100 ml Prosecco
2–3 EL kalte Butter
4 EL frisch geriebener Parmesan
1 EL Sahnemeerrettich

Zum Anrichten

10 Stängel Schnittlauch, in Röllchen
**   geschnitten**
frisch geriebener Meerrettich
4 Radicchio-trevisano-Herzen
4 EL French Dressing (siehe
**   Seite 185)**

Rote Bete

Die Rote-Bete-Knollen einzeln mit einigen Kümmelsamen und 1 Prise Salz in Alufolie verpacken und im auf 200 °C vorgeheizten Backofen (Umluft) 45–60 Minuten garen. (Garprobe und Schälen siehe Seite 148 Rote-Bete-Ingwer-Tatar mit gegrillter Makrele.) Die geschälte Rote Bete in dünne Scheiben schneiden oder hobeln.

Rote-Bete-Risotto

Die Geflügelbrühe und den Rote-Bete-Saft in einem Topf aufkochen und den Sumach und das Perilla-Dressing unterrühren. Den Aufgussfond leicht köcheln lassen.

Die Schalotte abziehen, in feine Würfel schneiden, den Knoblauch abziehen und fein hacken. Das Olivenöl in einem Topf erhitzen und die Schalottenwürfel darin glasig andünsten, den Knoblauch zugeben und kurz mit anschwitzen. Den Reis hinzufügen und nochmals alles zusammen anschwitzen. Mit dem Prosecco ablöschen und diesen gut einkochen lassen. Vom heißen Aufgussfond unter ständigem Rühren portionsweise immer so viel zum Reis geben, dass der Reis nicht am Topf anliegt. Diesen Vorgang so lange wiederholen, bis der Reis den gewünschten Garpunkt und der Risotto die gewünschte Konsistenz erreicht hat. Nun die kalte Butter, den Parmesan und den Sahnemeerrettich unter den Risotto rühren.

Anrichten

Den Rote-Bete-Risotto auf vorgewärmte tiefe Teller verteilen und die Rote-Bete-Scheiben darüberlegen. Mit den Schnittlauchröllchen und dem Meerrettich garnieren. Die Radicchioherzen seitlich an den Rand legen und mit dem Dressing beträufeln.

Smokey-Gulasch mit tomatisiertem Topinamburpüree

FÜR 4 PERSONEN
Zubereitungszeit:
3–4 Std. + Temperierzeit
» *mittel*

Für das Smokey-Gulasch

1 kg Rinderschulter
1 kg weiße Zwiebeln
50 ml neutrales Pflanzenöl
50 ml Rauchöl
Salz
frisch gemahlener schwarzer Pfeffer
2 EL Smoked sweet & spicey
    Paprika (z.B. Olmeda)
1 EL Mole (z. B. von Ingo Holland)
2 EL Tomatenmark
1 Flasche trockener Rotwein
½ Handvoll schwarze Kardamom-
    kapseln
2 Zweige Rosmarin
4 Zweige Thymian
3 Knoblauchzehen
1 Lorbeerblatt

Für das tomatisierte Topinamburpüree

500 g geschälte Topinambur
2 weiße Zwiebeln
100 g Butter
2–3 EL Tomatenmark
100 ml Prosecco
250 ml Geflügelbrühe (s. S. 184)
Salz
1 Bio-Zitrone
einige Tropfen Tabascosauce

Zum Anrichten

Rucolaspitzen
Süßkartoffelchips (siehe Tipp Seite
    110 Topinambur-Cremesuppe
    mit pochiertem Ei)

Smokey-Gulasch

Das Fleisch ca. 2 Stunden vor der Weiterverarbeitung aus dem Kühlschrank nehmen. Die Rinderschulter parieren und in Würfel schneiden. Die Zwiebeln abziehen und in dünne Streifen oder Scheiben schneiden oder hobeln. Die Fleischwürfel und die Zwiebeln in 3 etwa gleich große Portionen aufteilen. Ein Drittel der beiden Ölsorten in einem großen Topf erhitzen und die erste Portion Zwiebeln darin glasig ohne Farbe anschwitzen. Die erste Fleischportion dazugeben und gut anbraten. Mit Salz, Pfeffer, Smoked Paprika und Mole würzen. Ein Drittel des Tomatenmarks unterrühren und gut anrösten. Mit einem Drittel des Rotweins ablöschen und diesen gut einkochen lassen. Mit den restlichen Fleischwürfeln und Zwiebeln ebenso verfahren.

Das gesamte Gulasch in einen großen Topf geben und mit kaltem Wasser aufgießen, bis das Fleisch leicht mit Flüssigkeit bedeckt ist. Die Kräuter, Gewürze und den abgezogenen und leicht gequetschten Knoblauch in ein Gewürzsäckchen füllen und zum Gulasch geben. Das Gulasch zugedeckt im auf 180 °C vorgeheizten Backofen 3 Stunden garen oder ca. 2 Stunden zugedeckt auf dem Herd köcheln lassen.

Tomatisiertes Topinamburpüree

Die Topinambur in grobe Stücke schneiden. Die Zwiebeln abziehen und ebenfalls würfeln. Die Butter in einem Topf leicht bräunen und die Zwiebeln und die Topinambur anschwitzen.

Das Tomatenmark zugeben und mit anrösten. Mit dem Prosecco ablöschen und die Flüssigkeit einkochen. Anschließend mit der Geflügelbrühe aufgießen und leicht salzen. Aus Backpapier einen Kreis im Durchmesser des verwendeten Topfs ausschneiden und diesen direkt auf das Gargut legen. Die Topinambur leicht köcheln lassen, bis die gesamte Flüssigkeit verkocht ist. Die Topinambur sollte dann sehr weich gegart sein. Die Topinambur in eine Küchenmaschine oder einen Standmixer füllen, gut pürieren und dann durch ein feines Sieb passieren. Das Topinamburpüree abschließend mit einigen Tropfen Zitronensaft, der abgeriebenen Schale der Zitrone und der Tabascosauce würzen.

Anrichten

Das Gulasch flach auf die vorgewärmten Teller verteilen. Je 3 Topinamburpüree-Nocken daraufsetzen. Die Teller mit den Rucolaspitzen und den Süßkartoffelchips garnieren.

Lauwarmer Schokoladenkuchen mit glasierten Bananen

FÜR 6 PERSONEN
Zubereitungszeit: 30 Min.

» mittel

Für den lauwarmen
Schokoladenkuchen

**80 g Butter und etwas Butter
für die Muffinformen**
**165 g dunkle Schokolade
(mind. 60 % Kakaoanteil)**
4 Eier
1 Eigelb
25 g Kristallzucker
1 Prise Salz
50 g Mehl Type 405
50 g Haselnussgrieß

Für die
glasierten Bananen

2 reife Bananen
2 EL Bananensirup
1 EL Läuterzucker
**einige Tropfen frisch
gepresster Zitronensaft**

Lauwarmer Schokoladenkuchen

Die Butter und die Schokolade in einer Schale über einem Wasserbad schmelzen und glatt rühren. Die Eier trennen. Alle Eigelbe (5 Stück) in einer Rührschüssel mit dem Zucker schaumig schlagen. Das Eiweiß (4 Stück) mit 1 Prise Salz steif schlagen. Die etwas abgekühlte Schoko-Butter-Masse in die Eigelb-Zucker-Masse rühren. Das Mehl und den Haselnussgrieß untermengen. Am Ende das steif geschlagene Eiweiß unterheben. Den Kuchenteig in 6 gebutterte Muffinformen aufteilen. Die Schokoladenkuchen bei 180 °C 6–7 Minuten im Backofen (Umluft) backen. Ideal ist es, wenn innen noch ein flüssiger Kern ist. Vor dem Servieren die Kuchen etwas abkühlen lassen und aus den Formen lösen.

Glasierte Bananen

Die Bananen schälen und in mundgerechte Stücke schneiden. Den Bananensirup in einer Pfanne erhitzen, mit dem Läuterzucker ablöschen und mit dem Zitronensaft abschmecken. Die Bananenstücke in die Pfanne geben und einige Male gut durchschwenken.

Anrichten

Die Schokoladenkuchen lauwarm auf die vorbereiteten Teller legen und einige glasierte Bananenstücke mit etwas Sauce daneben anrichten.

 Als Variante kann man statt Haselnussgrieß (ungeschälte, geröstete und grob gehackte Haselnüsse) auch z.B. Mandelgrieß verwenden. Für eine glutenfreie Variante wird das Mehl durch Buchweizenmehl ersetzt. Gleichzeitig muss die Zuckermenge um 10 Gramm erhöht werden. Für laktosefreien Schokoladenkuchen die Butter durch 35 Gramm Kokosfett (plus etwas mehr für die Formen) ersetzen. Wenn Sie eine etwas leichtere Variante bevorzugen, können Sie den Kristallzucker durch Xylit ersetzen.

 Läuterzucker ist eine Zuckerlösung, die zu gleichen Teilen aus Kristallzucker und Wasser besteht. Den Zucker und das Wasser in einer Pfanne zusammen aufkochen und ohne Rühren 1 Minute sprudelnd kochen lassen. Die Pfanne vom Herd ziehen und den Läuterzucker durch ein feines, zusätzlich mit Küchenpapier ausgelegtes Sieb gießen. In ein gut verschließbares Gefäß abgefüllt ist Läuterzucker lange haltbar.

Gepuffte Süßkartoffel mit Joghurt und frischen Feigen

FÜR 4 PERSONEN
Zubereitungszeit: 2 Std.

» anspruchsvoll

Für die gepuffte Süßkartoffel

**2 mittelgroße Süßkartoffeln,
    ungeschält (ca. 700 g)**
200 g Mehl Type 405
2 TL Backpulver
1 TL frisch geriebene Muskatnuss
1 TL gemahlener Zimt
Salz
3 Eier
150 ml Vollmilch
130 g Butter
1 Päckchen Vanillezucker
1 EL flüssiger Honig
etwas grobes Meersalz

Zum Anrichten

**160 g griechischer Joghurt
    (9–10 % Fettgehalt)**
6 frische Feigen
1 TL Puderzucker

Gepuffte Süßkartoffel

Die Süßkartoffeln auf ein mit Backpapier ausgelegtes Backblech legen und ca. 1 Stunde im auf 240 °C vorgeheizten Backofen (Umluft) backen. Sie sind fertig, wenn sie sehr weich und gebräunt sind. Die Süßkartoffeln anschließend abkühlen lassen, schälen und das Fruchtfleisch auf ein Küchentuch geben. Die Ecken des Küchentuchs nach oben zusammenziehen und das Bündel zu einer Kugel formen. Die Kartoffelmasse gut ausdrücken. Es werden ca. 320 Gramm Kartoffelmasse benötigt.

Das gesiebte Mehl, das Backpulver, die Muskatnuss, den Zimt und 1 ½ Teelöffel Salz in einer mittelgroßen Schüssel miteinander vermengen. Die Eier trennen. Die Eigelbe, die Milch, 50 Gramm zerlassene Butter, den Vanillezucker und den Honig sorgfältig verquirlen. Die Mischung unter die Mehlmischung rühren. Dann die Kartoffelmasse dazugeben. Alles gut vermischen, bis der Teig richtig glatt ist. Bis zu dieser Stufe kann der Teig auch am Vortag vorbereitet werden.

Das Eiweiß mit 1 Prise Salz in einer Schüssel steif schlagen. Den Eischnee vorsichtig unter die Kartoffelmasse heben. Dann das Ganze beiseitestellen.

In einer großen Pfanne 20 Gramm Butter bei mittlerer Hitze zerlassen. Sobald die Butter aufschäumt, pro Süßkartoffelpuffer ca. 2 gehäufte Esslöffel Teig hineingeben. Es sollten etwa 3 Puffer in einer Pfanne Platz haben. Die Puffer insgesamt 3–4 Minuten von jeder Seite backen. Drehen Sie die Puffer, sobald sie von unten gebräunt sind und sich in der Mitte kleine Bläschen zeigen. (Vorsicht: Die Masse ist relativ weich.) Die fertigen Puffer auf ein mit Backpapier bedecktes Backblech legen. Die Pfanne vor jeder weiteren »Bratrunde« auswischen und wieder 20 Gramm Butter aufschäumen, bis der ganze Teig aufgebraucht ist. Es sollten dann 12 Süßkartoffelpuffer sein. Anschließend die Puffer im auf 180 °C vorgeheizten Backofen (Umluft) nochmals etwa 5 Minuten erwärmen.

Anrichten

Je 3 Süßkartoffelpuffer auf den vorbereiteten Tellern anrichten. Jeden Puffer mit einem Klecks Joghurt sowie jeweils einer halben, in der Mitte geteilten Feige garnieren. Abschließend mit etwas Puderzucker bestäuben.

Schokoladen-Crémeux, Schokoladenmousse und Mandelmilchsorbet

FÜR 4 PERSONEN
Zubereitungszeit: 45 Min. +
Trocknungszeit + Kühlzeit
» *anspruchsvoll*

Für das Mandelmilchsorbet

30 g geschälte Mandeln
500 ml Mandelmilch
100 g Kristallzucker
150 ml Mandellikör
30 ml Mandelsirup
1 EL Basic Texture (Herbafood)

Für die getrocknete Schokoladenmousse

125 g dunkle Schokolade
  (mind. 60 % Kakaoanteil)
2 Eier
3 Eiweiß
1 Prise Salz
45 g Kristallzucker

Für das Schokoladen-Crémeux

180 ml Vollmilch
180 g flüssige Sahne
4 Eigelbe
55 g Kristallzucker
2 Blätter Gelatine
170 g dunkle Schokolade
  (mind. 60 % Kakaoanteil)

Zum Anrichten

3 Feigen, geviertelt
Granatapfelkerne

Mandelmilchsorbet

Die Mandeln im auf 200 °C vorgeheizten Backofen leicht rösten. Dann die Mandeln und die Mandelmilch in einen Standmixer geben und leicht pürieren. Die Masse für 2 Stunden ziehen lassen. Anschließend die Mandelmasse durch ein feines Sieb passieren und mit den anderen Zutaten vermengen. Die Sorbetgrundmasse in einen Pacojet-Becher abfüllen und über Nacht einfrieren lassen. Vor dem Servieren die benötigte Menge im Pacojet herstellen.

Alternativ kann die Sorbetmasse auch in einer Eismaschine weiterverarbeitet werden. Sie kann auch in einem Behälter eingefroren werden. Dann muss aber in den ersten Stunden mehrmals kräftig umgerührt werden.

Getrocknete Schokoladenmousse

Die Schokolade zerkleinern und in einer Schale über einem Wasserbad schmelzen. Ein kleines Backblech faltenfrei (!) mit Frischhaltefolie auslegen. Die Eier trennen. Das Eiweiß (5 Stück) mit 1 Prise Salz anschlagen, dann 30 Gramm Zucker dazugeben und zu steifem Eischnee schlagen. Den Eischnee kalt stellen. Die Eigelbe mit dem restlichen Zucker aufschlagen. Die handwarme Schokolade mit dem schaumig geschlagenen Eigelb vorsichtig verrühren, sodass keine Klumpen entstehen. Anschließend den Eischnee unterheben. Die Masse auf das Blech gießen, glatt streichen und im Backofen bei 65 °C (Umluft) ca. 9 Stunden trocknen lassen. Die trockene und kalte Mousse in die gewünschte Form schneiden und in einem luftdichten Behälter aufbewahren.

Schokoladen-Crémeux

Die Milch und die Sahne in einen Topf geben und zum Sieden bringen. Die Eigelbe und den Zucker mit einem Handrührgerät schaumig schlagen. Die Gelatine in kaltem Wasser einweichen. Die siedende Milch-Sahne-Mischung unter die Eigelbmasse rühren. Dabei muss sehr fleißig gerührt werden, da sonst das Eigelb stockt. Anschließend die Masse über einem Wasserbad zur Rose abziehen (unter Rühren auf 80 °C erhitzen). Die Gelatine gut ausdrücken, unter die Creme rühren und gut auflösen. Die Schüssel zum Abkühlen kurz auf Eis stellen. Die Schokolade in eine Schüssel reiben. Anschließend die noch warme Masse durch ein Sieb auf die Schokolade gießen. Für 3 Minuten ziehen lassen und danach mit einem Stabmixer glatt rühren. Die Schüssel mit der Creme vorsichtig 3-mal auf die Arbeitsplatte klopfen, damit die größten Bläschen platzen. Anschließend in eine gewünschte Form füllen (z.B. Silikonmatten-Würfel, Silikonmatten-Halbkugeln oder Souffléförmchen – diese aber vorher mit Folie auslegen). Die abgefüllte Masse für 3 Stunden tiefkühlen. Anschließend stürzen und bis zum Anrichten kühl stellen.

Anrichten

1 Nocke des Mandelmilchsorbets auf die vorbereiteten Teller legen. 1 Würfel Schokoladen-Crémeux und 2 Streifen Schokoladenmousse danebenanrichten. Je 3 Feigenviertel und einige Granatapfelkerne dazwischen verteilen.

Kaiserschmarrn mit Apfelkompott

FÜR 4 PERSONEN
Zubereitungszeit: 1 Std.

» anspruchsvoll

Für das Apfelkompott

4 große Äpfel (Boskop)
5 EL Zitronensaft
100 g Kristallzucker
2 Päckchen Bourbon-Vanillezucker
40 g Honig oder Ahornsirup
150 ml trockener Weißwein
150 ml Apfelsaft
1 Schuss Calvados
1 Vanilleschote
1 Zimtstange
2 Sternanis
abgeriebene Schale von
**   ½ Bio-Zitrone**

Für den Kaiserschmarrn

120 g Mehl Type 405
200 ml Vollmilch
1 Prise Salz
2 Päckchen Bourbon-Vanillezucker
abgeriebene Schale von ¼ Bio-
**   Zitrone**
10 ml Stroh-Rum (80 Vol.-%)
1 EL saure Sahne
6 Eier
50 g Butterschmalz
20 g Rosinen
50 g Butterflocken
20 g Puderzucker

Zum Anrichten

20 g Puderzucker

Apfelkompott

3 Äpfel schälen, vierteln und entkernen. Anschließend die Äpfel in grobe Stücke schneidern und mit 4 Esslöffel Zitronensaft beträufeln.

Den Zucker mit dem Vanillezucker karamellisieren lassen und den Honig unterrühren. Mit dem Weißwein, dem Apfelsaft und dem Calvados ablöschen. Die Vanilleschote mit einem spitzen Messer aufschlitzen und das Mark herauskratzen. Die Apfelstücke, die Vanilleschote, das Vanillemark, die Zimtstange, den Sternanis und die Zitronenschale unterrühren. Die Äpfel bei milder Hitze in ca. 15 Minuten langsam zu Mus zerfallen lassen. Am Schluss sollte die gesamte Flüssigkeit verkocht sein. Den letzten Apfel schälen, entkernen und in feine Würfel schneiden. Die Apfelwürfel mit dem restlichen Zitronensaft beträufeln. Die Vanilleschote, Zimtstange und Sternanis aus dem Kompott herausnehmen. Dann das Apfelkompott mit einem Schneebesen glatt rühren und die feinen Apfelwürfel unterheben.

Kaiserschmarrn

Das Mehl mit der Milch, dem Salz, 1 Päckchen Vanillezucker, der Zitronenschale und dem Rum mit einem Schneebesen glatt rühren. Anschließend die saure Sahne unterrühren. 4 Eier trennen. Das Eiweiß zusammen mit dem restlichen Vanillezucker zu steifem Schnee schlagen. Die Eigelbe und die restlichen Eier unter den Teig rühren. Dann den Eischnee unter den Teig heben.

Das Butterschmalz in einer beschichteten Pfanne mit feuerfestem Griff leicht erhitzen. Den Teig hineingeben und mit den Rosinen bestreuen. Die Pfanne in den auf 200 °C vorgeheizten Backofen (Umluft) schieben. Sobald der Teig an der Oberfläche trocken wird, 10 Gramm Butterflocken daraufgeben und die Teigplatte wenden. Sobald der Schmarrn eine schöne Farbe bekommen hat (nach ca. 15 Minuten), den Schmarrn mit Holzpfannenwendern in grobe Stücke zerreißen. Den Puderzucker darüberstreuen und die restlichen Butterflocken auf dem Schmarrn verteilen. Alles gut mischen und das Gericht nochmals kurz in den Backofen schieben und bei starker Oberhitze oder unter dem Grill behutsam karamellisieren lassen.

Anrichten

Den Kaiserschmarrn auf den vorbereiteten Tellern verteilen und das Apfelkompott daneben anrichten. Abschließend den Kaiserschmarrn leicht mit Puderzucker bestäuben.

 Alternativ kann man beim Kaiserschmarrn statt der Milch auch die gleiche Menge flüssige Sahne verwenden. Das macht den Schmarrn etwas cremiger. Er wird dann Rahmschmarrn genannt.

Ingwermousse mit Gewürzkumquats

FÜR 4 PERSONEN
Zubereitungszeit:

45 Min. + Marinierzeit

» mittel

Für die Gewürzkumquats

2 kg Kumquats
600 g Kristallzucker
500 ml frisch gepresster Orangen-
  saft (durch ein Sieb passiert)
Saft von 1 Zitrone
200 g Glukose
1 Gewürznelke
1 Vanilleschote
1 Zimtstange
1 Lorbeerblatt
5 Sternanis
10 Korianderkörner
5 g frische Kurkuma
1 Zweig Rosmarin
200 ml Grand Marnier

Für die Ingwermousse
(6 Portionen)

3 Blatt Gelatine
50 g weiße Kuvertüre
2 Eigelbe
125 ml Ingwersirup
250 ml Vollmilch
250 g flüssige Sahne

Zum Anrichten

Thai-Basilikum

Gewürzkumquats

Die Kumquats (ohne Blätter und Stiele) blanchieren, trocken tupfen und mit einer feinen Nadel rundherum mehrmals einstechen. Den Zucker mit 250 Milliliter Wasser aufkochen. Den Topfrand dabei mit einem breiten Pinsel säubern und den Schaum abnehmen. Das Zuckerwasser 5–10 Minuten bei sehr starker Hitze einkochen lassen. Den Orangensaft zugießen, erneut aufkochen und nochmals abschäumen. Den Sirup weitere 10 Minuten einkochen lassen und anschließend den Zitronensaft unterrühren. Den Topf vom Herd nehmen und die Glukose sowie die Gewürze unterrühren. Diese Mischung bis auf 40 °C abkühlen lassen. Dann den Grand Marnier unterrühren.

Die Kumquats in ein großes Einmachglas schichten und mit dem Sirup übergießen. Das Glas gut verschließen und mindestens 1 Tag gut durchziehen lassen. Die eingelegten Gewürzkumquats kann man sehr gut lagern. Allerdings bitte darauf achten, dass die Umgebung möglichst kühl und dunkel ist.

Ingwermousse

Die Gelatine in kaltem Wasser einweichen. Die Kuvertüre fein hacken und in einer Schale über einem Wasserbad bei 45 °C schmelzen lassen. Die Eigelbe und den Ingwersirup in einer Schüssel über einem Wasserbad mit dem Schneebesen warm aufschlagen. Die Milch einmal aufkochen. Anschließend die etwas abgekühlte Milch unter Schlagen in das Eigelb gießen und die Creme zur Rose abziehen. Den Topf vom Herd nehmen und die ausgedrückte Gelatine sowie die geschmolzene Kuvertüre untermischen. Die Masse auf Eiswasser so lange rühren, bis sie kalt ist. Die Sahne halbfest schlagen und unter die Creme ziehen. Die Mousse in eine Schüssel füllen und mindestens 2 Stunden kalt stellen.

Anrichten

Mehrere Gewürzkumquats auf den vorbereiteten Tellern verteilen. Von der Ingwermousse je 2 Nocken darauf anrichten. Das Dessert mit Thai-Basilikum garnieren.

Rote Bete GRANULAT
ener·chi
Füllmenge **200 g** ℮

WET TAMARIND
TAMARINDE
TAMARIN มะขามเปียก
INGREDIENTS : TAMARIND,
INGREDIENTS : TAMARIN.
ZUTATEN : TAMARINDE.
FOOD SPECIALIZE CO.,LTD.
SAMUTPRAKAN, THAILAND
NET WT :
POIDS NET :
NETTO IN HALT / INHOUD : **400 g.**
PRODUCT OF THAILAND
PRODUIT DE THAILANDE
PRODUKT AUS THAILAND

PAPRIKA FUME DOUX
OLMEDA ORIGENES
SMOKED SWEET & SPICY PAPRIKA

Kerrygold
BUTTER AUS IRLAND
82% fett.
250g ℮

Antica e Rinomata Riseria
FERRON ®
Fondata nel 1650
RISO NANO VIALONE VERONESE I.G.P.
Rice Net Wt 35.3 oz. (1000g)
Riz Poids Net 35.3 oz (1000g)
IL RISO PER I TUOI RISOTTI

Orangia Sun
WIBERG A la Carte

Naturally pink.
MURRAY RIVER GOURMET™
SALT FLAKES
SALT
PRODUCT OF AUSTRALIA

Grashoff 1872
CHAMPAGNERBALSAM
Mild in der Säure und angenehm fruchtig
Champagnerbalsam hat eine fruchtig milde Säure und
angenehme Restsüße. Verwenden Sie ihn statt
Essig in Marinaden für frische Blattsalate
zusammen mit einem guten Olivenöl
zu gleichen Teilen.

SAVORETTE FUMÉE
Spécialité condimentaire pour assaisonnement
et fabrication de denrées alimentaires.
SORIPA
Pro Chef

oSan
Japan wheat noodle (Soba noodle)
PREMIUM QUALITY

Produkte

SALT FLAKES VON MURRAY RIVER GOURMET

Salzflocken, ähnlich wie Fleur de Sel. Das Besondere an diesen Flocken ist ihre rosa Färbung. Toll zum Nachwürzen am Tisch, aber auch zum Finishing bzw. Streuen über Fisch oder Fleisch. Knuspern leicht beim Essen.

SOYA SAUCE LIGHT (HELLE SOJASAUCE) VON DAISHO

Bei der Sojasauce, die aus Wasser, Sojabohnen, Salz und Getreide hergestellt wird, gibt es sehr unterschiedliche Qualitäten. Diese hier kann ich empfehlen. Sonst einfach ausprobieren.

SUSHI SEASONING (SUSHI-ESSIG) VON MIZKAN

Die Säurebalance ist bei fast allen Speisen wichtig. Ohne sauer als Teil des Geschmacks schmecken viele Speisen flach. Der Sushi-Essig ist da eine von vielen Möglichkeiten, die ich sehr gerne verwende.

MIRIN (SWEET RICE WINE) VON KING BREWING

Mirin, der süße Reiswein aus Japan, besteht aus Wasser, mit dem Koji-Pilz geimpftem Kleberreis und einer Art Branntwein und ist Bestandteil vieler Saucen, die ursprünglich aus dem asiatischen Raum stammen.

TAMARINDE AM STÜCK (ASIALADEN)

Tamarinde ist die Frucht des Tamarindenbaums, ein bisschen ähnlich wie eine Dattel. Man kann sie als Mark gepresst am Stück kaufen. Sie schmeckt süßlich mit einer deutlichen Säurenote und ist eine super Basis für viele Saucen.

YUZU-SAFT VON YUZU SHIBARI

Den Saft der Yuzu, die ein bisschen wie eine Mischung aus Zitrone und Orange aussieht, verwende ich für Dressings oder Saucengrundlagen. Der Geschmack ist etwas komplexer als der von Zitronen. Im Notfall kann man aber auch Zitronensaft verwenden.

ROSE'S LIME JUICE

Eigentlich ist dieser ungesüßte Limettensaft vor allem Barmixern bekannt. Aber natürlich kann man auch warme Speisen, vor allem im Fisch- und Meeresfrüchtebereich, damit aromatisieren.

SAVORETTE FUMÉE (RAUCHÖL) VON SORIPA

Der leicht rauchige Geschmack dieses Pflanzenöls – der durch natürliche Raucharomen entsteht – passt super zu Fleisch oder Fisch.

PAPRIKA FUMÉ DOUX (SMOKED SWEET AND SPICY PAPRIKA) VON OLMEDA ORIGENES

Das Paprikapulver mit einem deutlichen Raucharoma und einer ganz intensiven Farbe schmeckt mal schärfer, mal süßer, je nachdem, zu welcher Speise man es verwendet. Einfach mal ausprobieren.

WASABIPASTE

Bringt eine tolle Schärfe an viele kalte Gerichte, zum Beispiel mit Gurken. Muss also nicht nur zu Sushi sein.

GINGER SYRUP (INGWERSIRUP) VON GOLDEN TURTLE BRAND

Der Ingwersirup gehört eigentlich wieder in die Reihe süßsauer oder eben besser süßscharf. Passt zu vielen Desserts, aber auch in warmen Saucen.

CHAMPAGNERBALSAM (CHAMPAGNERESSIG) VON GRASHOFF

Es gibt Dinge, die begleiten einen seit Jahren in der Küche, und dazu gehört für mich absolut dieser alte Champagneressig.

COUSCOUS MITTELGROSS VON HELLRIEGEL

Couscous, der aus der nordafrikanischen Küche stammt und aus Hartweizengrieß besteht, verwende ich so gerne, weil er so wunderbar Saucen aufnimmt, ohne dabei zu verklumpen.

SOBA NOODLES (BUCHWEIZENNUDELN NACH JAPANISCHER ART) PREMIUM QUALITY VON HOSAN

Die Buchweizennudeln sind eine wunderbare Nudelalternative (nicht nur) für meine vegetarischen Gäste. Natürlich muss man bei der Zubereitung beachten, dass der Geschmack des Buchweizens schon etwas durchschmeckt.

RISOTTOREIS VON FERRON

Risottoreis für Risotto. Eigentlich selbsterklärend.

DRIED SEAWEED (YAMADASHI KOMBU) VON WELPAC

Getrocknete Algen, ein sehr wertvolles japanisches Produkt von der nordjapanischen Insel Hokkaido. Man braucht sie, um einen echten Dashi-Fond herzustellen.

KERRY GOLD BUTTER

Das ist meine Kindheit. Mein Land. Ich bin so stolz darauf.

ORANGIA SUN PULVER (WIBERG)

Ein Pulver, das wie abgeriebene Orangenschale schmeckt. Toll für Desserts, sorgt aber auch in der warmen Küche für einen Hauch von Orange.

ROTE-BETE-GRANULAT

Ach, das ist einfach der Wahnsinn. Das gibt eine so tolle Farbe.

BONITOFLOCKEN (KATSUOBUSHI)

Bonitoflocken sind ein natürlicher Geschmacksverstärker. Sie bestehen aus getrocknetem und geräuchertem Bonito, einer Thunfischart. Die Konsistenz ist leicht holzig, und man kann die hauchdünnen Flocken auch auf Speisen streuen, in der Wärme bewegen sie sich dann leicht – ein witziger Aspekt.

Unbekanntere Zutaten

GLUKOSE
Traubenzucker

MOSCATO D'ASTI
Italienischer Süßwein aus der Provinz Asti

PIRI PIRI
Chilisorte aus Portugal

KURKUMA
Safranwurz, bekannt aus der Ayurveda-Küche, sehr gesund

AIR BAG PORC FARINA (SOSA)
Getrocknete und fein granulierte Schweineschwarte. Super geeignet zum Panieren und Frittieren. Wenn ich das bei meinen Kochkursen verwende, wollen es danach alle kaufen.

FREGOLA SARDA
Sardische Nudeln beziehungsweise eine Art Gnocchi

SUMACH
Arabisches Gewürz mit leicht säuerlicher Note

DASHI-PULVER
Pulver für japanische Fischbrühe

AFFILAKRESSE
Kresse-Art, die ein bisschen nach Erbsen schmeckt und sehr dekorativ ist

PURPLE SAKURA KRESSE
Dunkelrote Kresse-Art mit einem leichten Geschmack nach Radieschen; dadurch erfrischend für Fleisch oder Fisch und dekorativ

NORI-BLÄTTER, NORI-PULVER
Nori ist der Sammelbegriff für mehr als 25 verschiedene Speisealgen. Nori-Blätter sind getrocknet und meistens leicht geröstet. Klassisch kennt man sie von Sushi. Aber natürlich kann man auch andere Produkte in Nori-Blätter einwickeln oder das Pulver zum Würzen, insbesondere von Fischgerichten, verwenden.

OXALIS
Sauerklee

AGAR-AGAR
Pflanzliches Binde- und Geliermittel aus Meeresalgen, das aber absolut geschmacksneutral ist

ALBAÖL
Rapsöl aus Schweden, das nach Butter schmeckt

RADICCHIO TREVISANO

Spezielle Radicchio-Art, die statt eines festen, geschlossenen Salatkopfes lange, schmale, weinrote und weiße Blätter bildet

ALBUMIN

Eiweißpulver

TANDURI (TANDOORI) MASALA

Indische Gewürzmischung. Ich beziehe sie am liebsten von Ingo Holland.

SEPIA-TINTE

Tinte des Tintenfischs; gibt es beim Fischhändler; gibt eine schwarze Farbe, relativ geschmacksneutral

URKAROTTEN

Alte Karottensorte, die außen dunkelrot ist und eher etwas süßer schmeckt; durch ihre Farbe sehr dekorativ und auch super für Chips geeignet

MACAWURZEL

Eine Knolle in Zwiebelform. Die Macapflanze (aus Bolivien und Peru) gehört eigentlich zu den Kressen. Sie gilt als sehr gesund und wird getrocknet und/oder gemahlen. Der Geschmack ist leicht süßlich und nussig.

TOPINAMBUR

Ist eine süßliche, aber weniger kohlenhydrathaltige Alternative zur Kartoffel. Wie diese kann man sie backen, dünsten, pürieren, roh oder gekocht verwenden.

LARDO

Ist ein besonders gereifter italienischer Speck, der eigentlich nur aus Fett und wenig Fleisch besteht. Sehr dünn aufgeschnitten schmeckt er nicht nur zu Fisch und Fleisch, sondern auch auf einem gerösteten Braunbrot wunderbar.

NUSSBUTTER

Butter, die in einem kleinen Topf zunächst geschmolzen wird. Dann lässt man sie bei geringer Hitze weiter auf dem Herd, bis sie eine goldbraune Farbe angenommen hat. Dann kann man sie noch zusätzlich durch ein Sieb oder Tuch laufen lassen, sodass das Milcheiweiß abgefiltert wird und die Nussbutter völlig klar ist. Der Name kommt von dem leicht nussigen Geschmack, den die Butter so erhält.

Kochmethoden und -geräte

SOUS-VIDE-GAREN

Könnte man auch als Vakuumgaren bezeichnen. Die entsprechenden Produkte (Fisch, Fleisch, Gemüse, auch mit Gewürzen) werden in einen Vakuumierbeutel gepackt, die Luft mit einem Vakuumiergerät abgesaugt und die Beutel bei gleich bleibender Wassertemperatur bei einer Wärme von 50 bis 85 °C gegart. Durch das Vakuumieren können keine Aromen austreten, durch die niedrigen Temperaturen wird schonend gegart. Fleisch, das mit dieser Methode zubereitet wird, brate ich danach oft noch kurz an, damit Röstaromen entstehen.

Eine Zeit lang war Sous-vide-Garen absolut im Trend. Ich persönlich bin, aus meiner Erfahrung heraus, der Meinung, dass es Produkte wie zum Beispiel auch hier im Buch den Oktopus oder die Entenbrust gibt, bei denen Sous-vide-Garen unschlagbar ist – oder auch bei manchen Gemüsen. Aber einen Ochsentafelspitz oder ein Flanksteak beispielsweise würde ich persönlich nie sous-vide garen.

Hervorragend eignet es sich aber dafür, Produkte länger aufzubewahren. Wenn ich beispielsweise ein Fleisch habe, dessen Mindesthaltbarkeit kurz vor dem Ablauf ist, kann ich es mit dieser Methode garen und dann noch drei Wochen im Kühlschrank aufbewahren.

VAKUUMIEREN

Dazu benötigt man ein spezielles Gerät, das in der Gastronomie einfach unerlässlich ist. Aber ich würde ein kleines Gerät auch jedem Privathaushalt empfehlen. Denn vakuumiert kann man viele Dinge wesentlich hygienischer und länger frisch aufbewahren. Wer kein Gerät hat und zum Beispiel die Luftschokolade aus dem Buch machen will, der könnte auch zum Metzger um die Ecke oder in sein Lieblingsrestaurant gehen und nett fragen, ob man dort vielleicht helfen kann.

ZUR ROSE HOCH- ODER ABZIEHEN

Eine Methode, Saucen und Cremes allmählich bis zu einer cremigen Konsistenz einzudicken. Es wird mithilfe von Eigelb gebunden, die Flüssigkeit unter ständiger Bewegung langsam und gleichmäßig erhitzt, bis die gewünschte dicklich-cremige Konsistenz erreicht ist. Der richtige Garpunkt ist erreicht, wenn man einen Kochlöffel in die Sauce taucht, ihn wieder herauszieht, leicht auf die Rückseite pustet und sich die Sauce dann wellenförmig (wie eine Rose) ausbreitet.

MONTIEREN

Bei dieser Methode wird verfeinert, indem man kalte Butter nach und nach mit einem Schneebesen in die warme (nicht kochende) Sauce einrührt. Die Sauce sollte dann zügig serviert werden.

SAUTIEREN

Schnelles Anbraten von klein geschnittenem Gemüse oder Fleisch in einer Pfanne. Das Gargut muss nebeneinanderliegen können.

BLANCHIEREN

Gargut kurz in heißem Wasser kochen oder auch nur überbrühen; danach kalt abschrecken

IN JULIENNE-STREIFEN SCHNEIDEN

In sehr feine Streifen schneiden

UNTERSCHIED: DURCH EIN FEINES SIEB PASSIEREN, DURCH EIN PASSIERTUCH PASSIEREN

Durch ein feines Sieb können noch ganz kleine Partikel durchgehen, bei einem Passiertuch geht nur die reine Flüssigkeit durch.

DIE GARPROBE MACHEN

Prüfen, ob ein Produkt den richtigen Garpunkt erreicht hat. Das geht am einfachsten mit einem Temperaturfühler, sehr erfahrene Köche merken es bei Fisch und Fleisch durch Drücken auf das Produkt. Ganz sicher geht man, indem man eine Probe aufschneidet oder eben auch probiert.

PACOJET

Eine bestimmte Form des Mixers; kann mit einem solchen oder einem Thermomix ersetzt werden

ISI-FLASCHE

Sahnesiphon einer bestimmten Marke

Grundrezepte

GEFLÜGELBRÜHE

(ergibt ca. 2 Liter Brühe)

1 küchenfertiges Suppenhuhn (ohne Innereien), 2 Zwiebeln, geschält und geviertelt, 1 Stange Lauch (nur die weißen Anteile), 100 Gramm geschälten Knollensellerie, 2 Stangen Staudensellerie, 5–6 Stängel glatte Petersilie, 5–6 Zweige Thymian, 1 Esslöffel weiße Pfefferkörner, 1 Esslöffel Koriandersamen, 1 Lorbeerblatt und 1 Esslöffel Salz in einen großen Topf geben und mit *3 Liter Wasser* auffüllen. Das Ganze zum Kochen bringen und anschließend für ca. 2 Stunden leicht köcheln, dabei aufsteigenden Schaum immer wieder abschöpfen. Anschließend die Brühe durch ein feines Sieb gießen und nach Belieben noch reduzieren.

TOMATENWASSER

(ergibt ca. 2 Liter Tomatenwasser)

3 Kilogramm reife Tomaten waschen, vierteln und in eine große Schüssel füllen. *50 Gramm Salz, 35 Gramm Kristallzucker, 100 Milliliter Champagneressig* und *100 Milliliter Sushi-Essig* zusammen mit *1 Liter Wasser* zu den Tomaten geben und alles mit den Händen gut durchkneten. *1 Knoblauchzehe* abziehen, etwas quetschen, zusammen mit *3 Stängeln Estragon, 3 Zweigen Rosmarin, 6 Zweigen Thymian, 1 Bund Basilikum, 1 Esslöffel Tomatenmark* und *1–2 Spritzern Tabascosauce* zu den Tomaten geben und alles gut durchmischen. Die Tomaten abgedeckt über Nacht durchziehen lassen. Ein großes Sieb mit einem Passiertuch auslegen, die Tomaten einfüllen und das Tomatenwasser abtropfen lassen.

KARTOFFELBROT

(ergibt 2 Brote)

In einer Rührschüssel *1 Kilogramm Mehl Type 405* und *1 Kilogramm Kartoffelflocken* (z.B. Kartoffelflocken »Flocken locker« von Pfanni) vermischen. *1 Würfel Hefe mit 2 Esslöffel warmem Wasser* auflösen und mit *90 Gramm Salz* in die Rührschüssel geben.

Alle Zutaten in der Küchenmaschine für ca. 5 Minuten gut verkneten. Den Teig in 2 Portionen teilen und daraus Kugeln formen. Die Teigkugeln abgedeckt an einem warmen, zugfreien Ort ca. 1 Stunde gehen lassen. Jede Teigkugel auf einem mit Backpapier ausgelegten Backblech ca. fingerdick ausrollen. Die Oberfläche mit etwas *Olivenöl* bestreichen und mit *Meersalzflocken* bestreuen.

Die Bleche für 20 Minuten in den auf 220 °C vorgeheizten Backofen (Umluft) schieben. Anschließend die Bleche aus dem Ofen nehmen und das Kartoffelbrot sofort auf ein Backgitter stürzen. Das Backpapier entfernen, das Kartoffelbrot mit der Oberseite nach unten wieder auf das Backblech legen und nochmals für 5 Minuten in den Backofen schieben.

BASILIKUMPESTO

(ergibt 12 Portionen – für Pasta oder mit Gnocchi)

90 Gramm Basilikumblätter, 300 Milliliter Olivenöl extra vergine, 50 Gramm frisch geriebenen Parmesan, 30 Gramm geröstete Pinienkerne, 15 Gramm Petersilienblätter, 1 Teelöffel Salz, 5 Eiswürfel und etwas *frisch gemahlenen schwarzen Pfeffer* in einen hohen Rührbecher füllen und mit einem Stabmixer sehr fein pürieren. Das Pesto in Schraubgläser abfüllen und in den Kühlschrank stellen.

Tipp:

Pesto kann sehr gut für längere Zeit im Kühlschrank gelagert werden. Man muss allerdings dabei beachten, dass das Pesto immer mit einer Schicht Olivenöl bedeckt ist.

BALSAMICO-VINAIGRETTE

(ergibt ca. 800 Milliliter Dressing)

⅛ Liter alten, leicht fruchtigen Aceto balsamico und *1 Teelöffel feinen Dijon-Senf* verrühren. *2–3 rote Zwiebeln* (in Spalten geschnitten), *2 geschälte, gequetschte Knoblauchzehen* und *je 1 Zweig Thymian* und *Rosmarin* in *1 Esslöffel neutralem Pflanzenöl* anschwitzen. *1 Teelöffel Kristallzucker* darüberstreuen, mit der *Balsamico-Senf-Mischung* ablöschen und mit *350 Milliliter Wasser* aufgießen. Einmal aufkochen, vom Herd ziehen und 2 Stunden ziehen lassen. Anschließend passieren und unter Rühren *350 Milliliter Olivenöl, 350 Milliliter neutrales Pflanzenöl* und *100 Milli-*

liter Kalbsfond zusammen einlaufen lassen. Mit *Sherryessig und Salz* abschmecken. *½ Bund Basilikum* und *je 1 Zweig Thymian* und *Rosmarin* in das Dressing geben, abdecken und über Nacht durchziehen lassen. Das Dressing durch ein feines Sieb passieren und abschmecken. Dieses Dressing kann abgefüllt in ein gut verschließbares Gefäß gekühlt einige Wochen aufbewahrt werden. Vor der Verwendung als Sommervariante etwas *Trüffelöl* bzw. *Kürbiskernöl* als Wintervariante unterrühren.

FRENCH DRESSING

(ergibt ca. 700 Milliliter Dressing)
1 Eigelb, 1 Teelöffel mittelscharfen Dijon-Senf, 2 Teelöffel Estragonessig, 35 Milliliter Geflügelbrühe und *1 Scheibe geschälten Knoblauch* in einen hohen Mixbecher füllen. Mit einem Stabmixer die Zutaten gut durchmixen und anschließend unter ständigem Mixen und leichtem Hochziehen des Stabmixers *130 Milliliter neutrales Pflanzenöl* und *130 Milliliter mildes Olivenöl extra vergine* einlaufen lassen.

Die fertige Mayonnaise in eine Rührschüssel umfüllen. *2 Zweige Dill, 6 Stängel Schnittlauch, 1 Zweig Thymian, 1 Zweig Rosmarin, Blätter von 3 Stängeln Basilikum* grob schneiden. Die Kräuter mit *2 Esslöffel Sherryessig, 5 Esslöffel Champagneressig, 1 Esslöffel Aceto balsamico, 2 Esslöffel weißem Portwein, 5 Esslöffel Wermut (z.B. Noilly Prat), 1 Esslöffel Salz, 1 gehäuften Esslöffel Kristallzucker* und *330 Gramm Sauerrahm* unter die Mayonnaise rühren. Das French Dressing abgedeckt über Nacht im Kühlschrank durchziehen lassen. Abschließend das French Dressing durch ein feines Sieb passieren.

Tipp:
Das Dressing kann in einem Schraubglas bis zu 3 Wochen im Kühlschrank gelagert werden. Dazu ist es aber erforderlich, die Mayonnaise mit pasteurisiertem Eigelb herzustellen.

YUZU-DRESSING

(ergibt ca. 400 Milliliter Dressing)
250 Milliliter helle Sojasauce, 4 Esslöffel Honig, 5 Esslöffel Ingwersirup, 20 Milliliter Rote-Bete-Saft, 50 Milliliter Mirin, 50 Milliliter Sushi-Essig, 20 Milliliter Yuzu-Saft, 2 Tropfen Sesamöl, 1 Esslöffel Koriandersamen, 3 Esslöffel Wasabipaste, 1 Esslöffel Wasabipulver, 100 Milliliter Sonnenblumenöl,

2 Esslöffel Teriyakisauce sowie 20 Milliliter Wasser in einem Mixbecher gut vermischen und verschlossen sowie gekühlt 2 Tage durchziehen lassen.

GOMA-DRESSING

(ergibt ca. 700 Milliliter Dressing)
Ca. *350 g Mayonnaise* (siehe French Dressing), *3 Esslöffel Mangomark, 1 Teelöffel mittelscharfen Dijon-Senf, 2 Teelöffel Dashi-Pulver* (im Asialaden erhältlich), *65 Milliliter passiertes Yuzu-Dressing, 1 Spritzer Fischsauce, 2 Spritzer Sesamöl, 50 Gramm Tahinipaste* (Sesampaste), *1 Esslöffel Tamarindenpaste* (eingeweicht und passiert) in eine Rührschüssel füllen und gut verrühren. Das Dressing zugedeckt im Kühlschrank über Nacht durchziehen lassen. Abschließend das Dressing durch ein feines Sieb passieren.

Tipp:
Das Dressing kann in einem Schraubglas bis zu 3 Wochen im Kühlschrank gelagert werden. Dazu ist es aber erforderlich, die Mayonnaise mit pasteurisiertem Eigelb herzustellen.

Tipp:
Die Tamarindenpaste muss über Nacht (mindestens 12 Stunden) in Wasser eingeweicht werden.

TOMATENVINAIGRETTE

(ergibt ca. 700 Milliliter Vinaigrette)
600 Gramm gehackte Tomaten, 70 Gramm Tomatenmark, 2 geschälte Knoblauchscheiben und *je 1 Zweig Thymian, Rosmarin und Estragon* in einem Topf vermischen. Die Tomaten bei mittlerer Temperatur zugedeckt auf 80 °C erhitzen. Die Tomatensauce durch ein feines Sieb in eine Rührschüssel passieren. *150 Milliliter Olivenöl extra vergine* unterrühren und mit *1 Esslöffel Champagneressig, 2 Esslöffel Salz, 1 Esslöffel Kristallzucker* und *1 Teelöffel Gin* abschmecken. *Je 1 Zweig Thymian, Rosmarin und Estragon* sowie *4 Stängel Basilikum* grob hacken. Die Vinaigrette mit den grob gehackten Kräutern zugedeckt über Nacht im Kühlschrank ziehen lassen. Abschließend die Vinaigrette nochmals durch ein feines Sieb passieren.

Tipp:
Die Tomatenvinaigrette kann in einem Schraubglas im Kühlschrank bis zu 3 Wochen gelagert werden.

Rezepte nach Jahreszeiten

Frühling

Lemon-Chicken mit Safran-Sushireis 22

Bärlauchcremesuppe mit Quinoa-Nockerln 25

Kohlrabi-Carpaccio mit Granny-Smith-Apfel
und Sellerie 27

Gegrillter grüner Spargel mit gepopptem Langostino 28

Lauwarme Seeforelle mit eingelegten Radieschen,
Zuckerschoten und Schnittlauchcreme 31

Brennnessel-Risotto mit 50-Minuten-Ei 33

Renkenfilet vom Grill mit Paprika 34

Lammkarree mit jungen Artischocken 36

Rücken vom Maibock mit orientalischer Kruste
auf Shiitake-Teriyaki 39

Irisches Entrecote vom Grill mit Ofentomaten,
Fregola Sarda und Bärlauchpesto 40

Rhabarbertarteletts mit Buttermilcheis 42

Holunderblüten-Walderdbeeren-Süppchen mit
Waldmeister-Granny-Smith-Apfel-Sorbet 45

Topfensoufflé mit Gewürz-Baby-Ananas-Carpaccio 46

Karamellisiertes Popcorn mit Safraneis 49

Sauerrahmschnitte mit Erdbeer-Macarons und
Buttermilcheis 50

Sommer

Sashimi von der Gelbschwanzmakrele mit
Baby-Pak-Choi und Kaiserschotenvinaigrette 61

Gazpacho mit gebratener Wassermelone und
gegrilltem Pulpo 62

Carpaccio vom Magalitzaschwein mit Brunnenkresse
und Goma-Dressing 65

Mein Tomatensalat 66

Cashmir-Gojibeeren-Couscous 69

Thunfischsteak mit Balsamico-Zwiebeln und Nori-Eis 70

Dorade vom Grill auf Orangen-Estragon-Risotto 72

Iberico-Schwein vom Grill auf sautiertem
Steinpilzgemüse 74

Hanging Tender mit geschmorten Datteltomaten
und Artischockenchips 80

Blumenkohl im Ganzen gebraten mit Goma-Dressing 82

Cantaloupe-Melonensüppchen mit Sauerrahmeis 84

Limetten-Thai-Basilikum-Tarteletts mit
Zitronengraseis 86

Mandelflan mit flambierten Sommerfrüchten 89

Wachauer Marillenknödel mit Marillenragout 90

Weiße Bergamotte-Luftschokolade mit
Limoncellocreme und Physalis 92

Herbst

Ceviche vom Lachs mit Romanasalatherzen *103*

Gebratene Jakobsmuscheln auf Dashi-Belugalinsen *104*

Tatar von Urkarotten mit Kaiserschoten und
  Koriander *107*

Tranche vom Bauernhuhn mit Apfel »süßsauer«
  und Yuzu-Thai-Basilikum-Eis *108*

Topinambur-Cremesuppe mit pochiertem Ei *110*

Muskatkürbiscurry *112*

Wirsingrisotto mit schwarzem Trüffel *114*

Miesmuscheln à la Shane *116*

Medaillon vom Hirschkalbrücken mit Granatapfel,
  wildem Brokkoli und Rote-Bete-Perilla-Sushireis *119*

Entenbrust auf karamellisiertem Süßkartoffel-Tandoori *120*

Bills New York Cheese Cake *122*

Zwetschgentarteletts mit Rotweineis *124*

Mandel-Nougat-Schokoladen-Crème-brûlée mit
  glasierten Feigen *127*

Grießknödel mit Nougatkern und Pflaumenmus *128*

Bratquitte mit Florentiner *130*

Winter

Maronencremesuppe mit Prosciutto *141*

Rotkohl-Granatapfel-Salat mit gegrilltem Oktopus *142*

Winterspargel (Schwarzwurzeln) in der Folie gegart mit
  gerösteten Pinienkernen und Mandeln *144*

Sellerie-Apfel-Cremesuppe mit Wintertrüffel *147*

Rote-Bete-Ingwer-Tatar mit gegrillter Makrele und
  Avocadocreme *148*

Skrei (Winterkabeljau) in Kombusud mit Sobanudeln *155*

Geschmorte Ochsenschulter und Flower-Sprout-
  Rosenkohl mit Äpfeln *156*

Flanksteak auf roten Linsen und marinierter Mango *158*

Rote-Bete-Risotto *160*

Smokey-Gulasch mit tomatisiertem Topinamburpüree *163*

Lauwarmer Schokoladenkuchen mit glasierten
  Bananen *164*

Gepuffte Süßkartoffel mit Joghurt und frischen Feigen *166*

Schokoladen-Crémeux, Schokoladenmousse und
  Mandelmilchsorbet *168*

Kaiserschmarrn mit Apfelkompott *171*

Ingwermousse mit Gewürzkumquats *172*

Rezepte von A bis Z

Apfel-Cremesuppe mit Wintertrüffel, Sellerie- *147*

Bärlauchcremesuppe mit Quinoa-Nockerln *25*
Bauernhuhn mit Apfel »süßsauer« und
   Yuzu-Thai-Basilikum-Eis, Tranche vom *108*
Bills New York Cheese Cake *122*
Blumenkohl im Ganzen gebraten mit Goma-Dressing *82*
Bratquitte mit Florentiner *130*
Brennnessel-Risotto mit 50-Minuten-Ei *33*

Cantaloupe-Melonensüppchen mit Sauerrahmeis *84*
Carpaccio vom Magalitzaschwein mit Brunnenkresse
   und Goma-Dressing *65*
Cashmir-Gojibeeren-Couscous *69*
Ceviche vom Lachs mit Romanasalatherzen *103*

Dorade vom Grill auf Orangen-Estragon-Risotto *72*

Entenbrust auf karamellisiertem Süßkartoffel-
   Tandoori *120*
Entrecote vom Grill mit Ofentomaten, Fregola Sarda
   und Bärlauchpesto, Irisches *40*

Flanksteak auf roten Linsen und marinierter Mango *158*

Gazpacho mit gebratener Wassermelone und
   gegrilltem Pulpo *62*
Gebratene Jakobsmuscheln auf Dashi-Belugalinsen *104*
Gegrillter grüner Spargel mit gepopptem Langostino *28*
Gepuffte Süßkartoffel mit Joghurt und frischen Feigen *166*
Geschmorte Ochsenschulter und Flower-Sprout-
   Rosenkohl mit Äpfeln *156*
Grießknödel mit Nougatkern und Pflaumenmus *128*
Gulasch mit tomatisiertem Topinamburpüree,
   Smokey- *163*

Hanging Tender mit geschmorten Datteltomaten
   und Artischockenchips *80*
Hirschkalbrücken mit Granatapfel, wildem Brokkoli
   und Rote-Bete- Perilla-Sushireis, Medaillon vom *119*
Holunderblüten-Walderdbeeren-Süppchen mit
   Waldmeister-Granny-Smith-Apfel-Sorbet *45*

Iberico-Schwein vom Grill auf sautiertem
   Steinpilzgemüse *74*
Ingwermousse mit Gewürzkumquats *172*
Irisches Entrecote vom Grill mit Ofentomaten,
   Fregola Sarda und Bärlauchpesto *40*

Jakobsmuscheln auf Dashi-Belugalinsen, Gebratene *104*

Kaiserschmarrn mit Apfelkompott *171*
Karamellisiertes Popcorn mit Safraneis *49*
Kohlrabi-Carpaccio mit Granny-Smith-Apfel
   und Sellerie *27*

Lachs mit Romanasalatherzen, Ceviche vom *103*
Lammkarree mit jungen Artischocken *36*
Lauwarme Seeforelle mit eingelegten Radieschen,
   Zuckerschoten und Schnittlauchcreme *31*
Lauwarmer Schokoladenkuchen mit
   glasierten Bananen *164*
Lemon-Chicken mit Safran-Sushireis *22*
Limetten-Thai-Basilikum-Tarteletts mit
   Zitronengraseis *86*

Maibock mit orientalischer Kruste auf
   Shiitake-Teriyaki, Rücken vom *39*
Mandelflan mit flambierten Sommerfrüchten *89*
Mandel-Nougat-Schokoladen-Crème-brûlée
   mit glasierten Feigen *127*

Marillenknödel mit Marillenragout, Wachauer *90*
Maronencremesuppe mit Prosciutto *141*
Medaillon vom Hirschkalbrücken mit Granatapfel,
    wildem Brokkoli und Rote-Bete-Perilla-Sushireis *119*
Melonensüppchen mit Sauerrahmeis, Cantaloupe- *84*
Mein Tomatensalat *66*
Miesmuscheln à la Shane *116*
Muskatkürbiscurry *112*

New York Cheese Cake, Bills *122*

Ochsenschulter und Flower-Sprout-Rosenkohl
    mit Äpfeln, Geschmorte *156*

Popcorn mit Safraneis, Karamellisiertes *49*

Quitte mit Florentiner, Brat- *130*

Renkenfilet vom Grill mit Paprika *34*
Rhabarbertarteletts mit Buttermilcheis *42*
Risotto mit 50-Minuten-Ei, Brennnessel- *33*
Risotto mit schwarzem Trüffel, Wirsing- *114*
Rote-Bete-Ingwer-Tatar mit gegrillter Makrele und
    Avocadocreme *148*
Rote-Bete-Risotto *160*
Rotkohl-Granatapfel-Salat mit gegrilltem Oktopus *142*
Rücken vom Maibock mit orientalischer Kruste
    auf Shiitake-Teriyaki *39*

Sashimi von der Gelbschwanzmakrele mit
    Baby-Pak-Choi und Kaiserschotenvinaigrette *61*
Sauerrahmschnitte mit Erdbeer-Macarons und
    Buttermilcheis *50*
Schokoladen-Crémeux, Schokoladenmousse
    und Mandelmilchsorbet *168*

Schokoladenkuchen mit glasierten Bananen,
    Lauwarmer *164*
Schwarzwurzeln in der Folie gegart mit gerösteten
    Pinienkernen und Mandeln *144*
Seeforelle mit eingelegten Radieschen, Zuckerschoten
    und Schnittlauchcreme, Lauwarme *31*
Sellerie-Apfel-Cremesuppe mit Wintertrüffel *147*
Skrei (Winterkabeljau) in Kombusud mit Sobanudeln *155*
Smokey-Gulasch mit tomatisiertem Topinamburpüree *163*
Soufflé mit Gewürz-Baby-Ananas-Carpaccio, Topfen- *46*
Spargel mit gepopptem Langostino, Gegrillter grüner *28*
Süßkartoffel mit Joghurt und frischen Feigen, Gepuffte *166*

Tatar von Urkarotten mit Kaiserschoten
    und Koriander *107*
Thunfischsteak mit Balsamico-Zwiebeln und Nori-Eis *70*
Tomatensalat, Mein *66*
Topfensoufflé mit Gewürz-Baby-Ananas-Carpaccio *46*
Topinambur-Cremesuppe mit pochiertem Ei *110*
Topinamburpüree, Smokey-Gulasch mit
    tomatisiertem *163*
Tranche vom Bauernhuhn mit Apfel »süßsauer«
    und Yuzu-Thai-Basilikum-Eis *108*

Wachauer Marillenknödel mit Marillenragout *90*
Weiße Bergamotte-Luftschokolade mit
    Limoncellocreme und Physalis *92*
Winterspargel (Schwarzwurzeln) in der Folie gegart
    mit gerösteten Pinienkernen und Mandeln *144*
Wirsingrisotto mit schwarzem Trüffel *114*

Zwetschgentarteletts mit Rotweineis *124*

Dank

An dieser Stelle möchte ich einfach nur danke sagen. Danke für ein wunderbares Team.

Alleine kommt man vielleicht schneller voran, miteinander kommt man aber auf jeden Fall weiter. Sehr weit. So weit hätte ich es alleine sicherlich nicht geschafft. Außerdem hätte die Entstehung dieses Buches ohne euch alle nicht so viel Spaß gemacht. Nach mehr als einem Jahr – einmal mussten schließlich alle vier Jahreszeiten fotografisch festgehalten werden – bin ich nun so richtig stolz auf das Ergebnis.

Herzlichen Dank an den Südwest Verlag, an Random House, für die Idee, mit mir ein Saisonkochbuch im Baukastenstil zu entwickeln. Liebe Silke Kirsch, liebe Sonya Mayer, liebe Eva Wagner und liebe Sabine Kestler – ihr habt dieses Buch und die Entstehung getragen. Danke für euer Vertrauen in mich.

In dem Zusammenhang danke ich auch Regina Roßkopf für ihre Geduld beim Aufschreiben der Rezepte. Ich bin einer von diesen Köchen, die sich schwertun, ihre Gerichte in Rezeptform zu Papier zu bringen. Ohne dich, liebe Regina, deine professionelle Ruhe und Beharrlichkeit, hätte ich mich da sehr schwergetan.

Liebe Stephanie Bräuer, deine Zwischentexte sind große Klasse. Danke auch an dich für deine Geduld und deinen Input. Du verstehst mich manchmal ohne Worte.

Was wäre ein Kochbuch ohne Fotos? Wie schwer es ist, Essen zu fotografieren, ist mir immer wieder bewusst. Liebe Coco Lang, liebe Monika Schuster, ich danke euch von Herzen für die tolle Zusammenarbeit. Ihr habt meine Gerichte besser inszeniert, als ich es mir hätte vorstellen können. Die Fotos sprechen für sich. Von der Tellerauswahl bis zum letzten Detail – besser geht's nicht.

Lieber Christian Martin Weiß und liebe Sylvia Makris, die Fotos bei meinen Lieferanten – ganz besonders das Foto mit dem Huhn – haben mir großen Spaß gemacht.

Als produktverliebter Koch sind mir meine Lieferanten natürlich extrem wichtig. Danke an Franz Riederer Freiherr von Paar vom Gutshof Polting, an meine diversen Freunde, Produzenten und Lieferanten aus der Münchner Großmarkthalle, an Gerhard und Angela Daumüller und an Florian Knecht vom Keltenhof bei Stuttgart, an meinen Fischzüchter Nicolai Birnbaum, an Michael Häsch vom Hofladen Bertenbauer, an meinen lieben Freund, genialen Barmann und Konditormeister Bill Fehn aus New York, der dieses Buch durch seinen Cheese Cake bereichert hat.

Danke an meine »Irish Connection«: Patricia Kief von Kerrygold und Donal Denvir vom Irish Beef Board. Ihr habt mir meine Heimat Irland in den vergangenen Jahren kulinarisch noch näher gebracht.

Nicht vergessen möchte ich ehemalige Köche von mir, Kevin Wehnisch und Mario Oberbichler. Sie haben mir bei dem einen oder anderen Dessertrezept geholfen und mir ihren Input gegeben. Herzlichen Dank dafür. Danke auch an mein gesamtes Team von »Shane's Restaurant« für seine Unterstützung. So ein Kochbuch kann manchmal auch eine Belastungsprobe sein für alle Beteiligten.

Vielen Dank an meine lieben Eltern, die mir das Kochen schon in meiner Kindheit nähergebracht haben, an meine Schwestern Tara und Irene, an meinen Bruder Franky, meine Schwiegereltern Renate und Franz und an viele meiner Freunde, die mir alle mit Rat und Tat und positiver Energie zur Seite stehen und gestanden haben.

Schließen möchte ich mit einem herzlichen und liebevollen Dank an meine Frau Barbara. Sie bringt mich dazu, Rezepte aufzuschreiben, wenn ich eigentlich lieber kochen würde. Ohne sie und ihren organisatorischen Einsatz wäre dieses Buch vielleicht gar nicht entstanden.
Danke, Barbara, für deine Geduld mit mir und für deine Unterstützung. I love you. Together we are strong.

Vita

Shane McMahon, geboren 1970, wuchs in Limerick/Irland auf. Seine Mutter Österreicherin, sein Vater Ire. Zwei leidenschaftliche Köche. Im Restaurant seiner Eltern lernte er bereits im Alter von 12 Jahren das Kochen. Mit 21 Jahren kam er nach Deutschland, wollte nur ein Jahr bleiben, kulinarische Erfahrungen sammeln. Shane reiste quer durch Deutschland, von der Zugspitze bis nach Sylt. Einen Deutschkurs besuchte er nicht. Die Sprache lernte er zwischen Kochtöpfen in der Küche. Seine ersten Erfahrungen mit der Nouvelle Cuisine machte er in München. Es folgten drei Jahre im Münchner Sterne-Restaurant Königshof. Shanes Geschmackssinn und Talent brachten ihn in den berühmten Gourmettempel Tantris, wo Shane mehrere Jahre arbeitete. Nach weiteren Kochstationen in der gehobenen Gastronomie verwirklichte sich Shane 2006 mit seinem Kochatelier Shane's Kitchen den Traum vom eigenen Betrieb. Vom Erfolg ermutigt, eröffnete Shane Ende 2009 zusammen mit seiner Frau Barbara die Location Shane's Restaurant in München, wo er seine Gäste täglich mit wechselnden saisonalen Überraschungsmenüs begeistert. Shanes Rezept: eine europäisch-asiatische Fusionküche mit Raffinesse und Passion. Er kocht hemmungslos bodenständig, saisonal und mit absoluter Leidenschaft. Auch im Fernsehen bei Galileo oder im Duell am Grill zeigt sich seine Passion. Shane McMahon ist einfach nur glücklich, wenn er kreativ und mit schmackhaften Produkten kochen kann.

IMPRESSUM

1. Auflage
© 2017 by Südwest Verlag, einem Unternehmen der Verlagsgruppe Random House GmbH, Neumarkter Straße 28, 81673 München

Redaktionsleitung: Silke Kirsch
Projektleitung: Sonya Mayer, Eva Wagner
Beratung: Stefan Linde
Texte: Stephanie Bräuer, Shane McMahon, Dr. Regina Roßkopf
Korrektorat: Dr. Ulrike Kretschmer
Bildredaktion und Leitung der Fotoproduktionen: Sabine Kestler
Foodfotografie: Coco Lang
Foodstyling: Monika Schuster
Requisite Foodbilder: Miriam Geyer und mit freundlicher Unterstützung der Firma Serax
Bildbearbeitung Foodbilder: SONGVAN
Peoplefotograf: Christian M. Weiss
Südwest Verlag Archiv: 8 (Grossmann&Schürle), 10 (shutterstock/stockcreations/RF), 12 (iStock/Jill Chen/RF), 16 (Mike Meyer), 47 (shutterstock/Dream79/RF), 63 (shutterstock/NADKI/RF), 91 (shutterstock/matka Wariatka/RF), 106 (fotolia/Mitmachfoto/RF), 162 (shutterstock/Natalie Barth/RF), 174 u.li (Shutterstock/viki2win/RF); stockfood, München: 146 (Visions B.V.)
Layout & Satz: Ortrud Müller, Die Buchmacher – Köln
Umschlaggestaltung: Oh, ja! München (Tobias Wiebeck & Steffen Baumgartl)
Reproduktion: Reproline mediateam GmbH & Co KG; Unterföhring
Druck + Bindung: Mohn Media Mohndruck GmbH; Gütersloh

Printed in Germany

Verlagsgruppe Random House FSC® N001967

ISBN 978-3-517-09408-3